Matias Bronnenmayer

Professioneller Umgang mit Unternehmensberatung: Strategien und Reaktionen

Diplomica® Verlag GmbH

Bronnenmayer, Matias: Professioneller Umgang mit Unternehmensberatung: Strategien und Reaktionen, Hamburg, Diplomica Verlag GmbH 2010

ISBN: 978-3-8366-9006-5
Druck: Diplomica® Verlag GmbH, Hamburg, 2010

Bibliografische Information der Deutschen Nationalbibliothek:
Die Deutsche Nationalbibliothek verzeichnet diese Publikation in der Deutschen Nationalbibliografie; detaillierte bibliografische Daten sind im Internet über http://dnb.d-nb.de abrufbar.

Die digitale Ausgabe (eBook-Ausgabe) dieses Titels trägt die ISBN 978-3-8366-4006-0 und kann über den Handel oder den Verlag bezogen werden.

Inhaltsverzeichnis

Abbildungsverzeichnis

Einleitung

Die Branche der Unternehmensberatung hat in den letzten Jahren eine sehr interessante Entwicklung durchgemacht. Wurden vor einiger Zeit Berater noch als „neue Elite" (SIEGER 1992, DEUTSCHMANN 1994) betitelt und mit Bezeichnungen wie „Propheten der Effizienz" (KURBJUWAIT 1996) hoch gelobt, so hat sich dieses Bild spätestens seit Mitte des Jahres 2001 drastisch geändert. Vermehrt werden in jüngerer Vergangenheit Stimmen laut, die Berater als „Besserwisser" (ZRDAL 2002: S. 33) abschimpfen, und denen Ratlosigkeit „in eigener Sache" (MARTENS 2003: S. 78) vorgeworfen wird.

Dementsprechend verhält sich auch die Entwicklung auf dem Beratermarkt. Bis zum Jahr 2000 verzeichneten die Unternehmensberatungen Wachstumsraten deutlich im zweistelligen Bereich.[1] Seit 2001 wird dagegen zunehmend von einer „Branchenkrise" (DIEKHOF 2002: S. 5) gesprochen,[2] und auch erste Signale hierfür zeichnen sich ab. So konnten erstmalig in der Geschichte der Unternehmensberatung betriebsbedingte Entlassungen beobachtet werden, bereits abgeschlossene Arbeitsverträge wurden aufgelöst oder auf einen späteren Zeitpunkt umgeschrieben. Und die Unternehmensberatung Arthur D. Little, die als die Mutter aller Beratungen gilt, musste in den USA sogar Insolvenz anmelden.[3] Hinzu kommt, dass sich die Klientenunternehmen zunehmendem Kostendruck ausgesetzt sehen und daher beginnen, die Leistung Beratung kritisch zu hinterfragen. Dies spiegelt sich auch in den Wachstumsraten wider, denn die Zeiten als diese sich noch im zweistelligen Bereich bewegten, sind längst passé.[4]

Der Beratungsboom und der nachfolgende Gegentrend der Beratungsernüchterung sowie die (teilweise auch von Beratern mitverursachten) Unternehmenskrisen können als Gründe gesehen werden, wieso das Thema Klientenprofessionalisierung immer mehr ins Gespräch kommt und deren Wichtigkeit erkannt wird.[5] Trotz dieser Erkenntnis

---

[1] Vgl. FAUST (2000: S. 60), REISCHAUER (2001: S. 42) und FEMERS (2002: S. 23).
[2] Vgl. auch HEBESTREIT (2002: S. 1) oder BUDAY (2003: S. 27).
[3] Vgl. BERGMANN (2002: S. 21 f.).
[4] Vgl. FRIEDRICH VON DEN EICHEN/STAHL (2004: S. 1).
[5] Vgl. etwa NICOLAI (2000: S. 307), WOLF (2000: S. 230)sowie AMMANN/BARD (2002: S. 7).

3

verhält sich das Literaturangebot, wenn es darum geht, wie Klienten sich in ihrem Umgang mit Beratung professionalisieren können, relativ überschaubar. Lediglich MOHE (2003) hat sich dieser Thematik ausführlich im Rahmen seiner Dissertation gewidmet.

Das vorliegende Buch beschäftigt sich mit der Möglichkeit einer Professionalisierung der Klienten in ihrem Umgang mit Beratung. Jedoch wird – wie der Titel schon andeutet – hierbei auch die Beraterperspektive berücksichtigt, indem auf mögliche Implikationen der Klientenprofessionalisierung für Unternehmensberatungen eingegangen wird.

Zu diesem Zweck erfolgt eine Aufteilung in drei Hauptkapitel. Zunächst gilt es im ersten Hauptkapitel eine allgemeine Basis für die folgenden Kapitel zu schaffen. Hierbei steht nicht im Mittelpunkt, einen vollständigen, umfassenden Überblick über den Untersuchungsgegenstand Unternehmensberatung zu liefern, sondern es soll vielmehr im Sinne eines ersten Zugangs hierfür sensibilisiert werden. Das zweite Hauptkapitel widmet sich den von MOHE (2003) herausgearbeiteten Strategien der Klientenprofessionalisierung. Dabei wird unter anderem auch der Versuch unternommen, eine eigene Konzeption der Klientenprofessionalisierung zu entwerfen. In Kapitel 3 wird ein Perspektivenwechsel vollzogen. Es wird nicht mehr vom Blickwinkel der Klienten aus argumentiert, sondern soll aus der Perspektive der Unternehmensberatungen untersucht werden, welche Implikationen die Klientenprofes-sionalisierung für sie hat bzw. wie sie hierauf reagieren (können). In der Schlussbetrachtung werden die wesentlichen Erkenntnisse zusammengefasst und ausblickartig mögliche zukünftige Entwicklungen bzw. Forschungsbereiche angerissen.

1　Unternehmensberatung

Die Literatur zum Thema Unternehmensberatung betrachtend stellt man fest, dass diesbezüglich mittlerweile ein großes Angebot verschiedenster Beiträge existiert. Angefangen von „allgemeinen Ratgebern", gemeinhin von Praktikern für Praktiker verfasst, in denen größtenteils Konzepte zur Professionalisierung der Unternehmenspraxis vorgestellt werden,[6] bis hin zu Untersuchungen und empirischen Erhebungen wissenschaftlicher Natur mit unterschiedlichsten Problemstellungen.[7] Als beliebteste Form gilt der so genannte Sammelband. Zu einem bestimmten Thema werden hier verschiedene Aufsätze mehrerer Autoren zusammengefasst.[8]

Ziel des ersten Kapitels soll nicht sein, diese Fülle an Literatur darzustellen. Auch kann hier nicht gewährleistet werden, einen vollständigen Überblick über die Thematik Unternehmensberatung zu liefern.[9] Dies ist jedoch auch nicht Sinn und Zweck dieses ersten Kapitels. Vielmehr soll es darum gehen, für das Thema Unternehmensberatung in einem ersten Zugang zu sensibilisieren. Es soll eine Basis für die weiteren Kapitel geschaffen werden, auf die im weiteren Verlauf immer wieder zurückgegriffen werden kann. Um dies zu erreichen, wird zunächst der Versuch unternommen, das Phänomen Unternehmensberatung begrifflich abzugrenzen und deren übergreifende Funktionen darzustellen (Kapitel 1.1). Anschließend wird das Beratungssystem mit seinen Subsystemen einer näheren Betrachtung unterzogen (Kapitel 1.2), um abschließend in Kapitel 1.3 den Beratungsprozess zu formulieren.

---

[6] Vgl. z. B. STUTZ (1988: S. 88), STEYRER (1991: S. 2) und WOLF (2000: S. 21) und als Beispiel für derartige „Praktikerliteratur" etwa SCHWAN/SEIPEL (2002) oder ELLEBRACHT ET AL. (2003).

[7] Vgl. z. B. STEYRER (1991: S. 3 ff.) und als Beispiele für zwei aktuelle wissenschaftliche Beiträge, die auch verdeutlichen, wie weit das Themenspektrum diesbezüglich ist, vgl. z. B. HAGENMEYER (2004) und MÖSLEIN (2005).

[8] Vgl. etwa den Sammelband von PETMECKY/DEELMANN (Hrsg., 2005) und für eine interessante Gegenüberstellung verschiedenen Ansichten und Argumente von Beratern, Klienten und Wissenschaftlern zum Thema Unternehmensberatung den Sammelband von SEIDL/KIRSCH/LINDER (Hrsg., 2005).

[9] So wird beispielsweise nicht auf die geschichtliche Entwicklung oder die verschiedenen Ansätze der Beratung eingegangen. Vgl. jedoch zur geschichtlichen Entwicklung z. B. ELFGEN/KLAILE (1987: S. 143 ff.) oder FINK (2003: S. 3 ff.) und zu den unterschiedlichen Beratungsansätzen etwa MIROW/NIEDEREICHHOLZ (2004: S. 1 ff.) und WALGER (Hrsg., 1995). Insbesondere zur Inhaltsberatung sei verwiesen auf WALGER (1995: S. 2 ff.), MIETHE (2000: S. 3 ff.), zur Prozessberatung auf WOLGEMUTH (1991), WIMMER (1992: S. 59 ff.), TIMEL (1998: S. 201 ff.), KOLBECK (2001: S. 71 ff. und 2002: S. 41 ff.) und zur Kombination von Inhalts- und Prozessberatung auf NICOLAI (2000: S. 309 ff.) und KOHLBECK (2001: S. 166 ff. und 224 ff.).

1.1 Begriffsabgrenzung und Funktionen der Unternehmensberatung

Für den Begriff der Unternehmensberatung hat sich bisher noch keine allgemeingültige Definition durchsetzten können.[10] „There are almost as many definitions of consultancy as there are consultants" (RASSAM 1998: S. 3). Ein wesentlicher Grund hierfür dürfte zunächst in der Tatsache begründet liegen, dass die Begriffe Unternehmensberatung, Organisationsberatung, Managementberatung, Strategieberatung, Betriebsberatung und Wirtschaftsberatung weitgehend synonym verwendet werden.[11] Ebenso verantwortlich für diesen „Begriffswirrwarr" (GROSS/BRÜGGER 1992: S. 9) ist, dass der Berufstitel Unternehmensberater (oder Managementberater, Strategieberater, etc.) in Deutschland gesetzlich nicht geschützt ist, wie das etwa bei Rechtsanwälten oder Ärzten der Fall ist.[12]

Autor/Quelle	Definition
KREBS (1980: S. 55 f.)	„Der Verfasser [Detlev Krebs, M. B.] versteht unter "Unternehmensberater" diejenigen unternehmensexterne Personengruppe, die es sich zur Aufgabe gemacht hat, durch die Bereitstellung durch Informationen verschiedenster Art die Unternehmungsleitungen der zu beratenen Unternehmungen bei der Lösung komplex-weiträumiger Problemstellungen zu unterstützen."
ELFGEN/KLAILE (1987: S. 31)	„Als Unternehmensberatung ist die von externen Personen bereitgestellte, individuell gestaltete Hilfe bei der Identifizierung und Lösung von betriebswirtschaftlichen Problemen des Unternehmensgeschehens zu bezeichnen, die auf einer ganzheitlichen Problemsicht beruht und durch Eigenverantwortlichkeit gekennzeichnet ist. Die Erarbeitung der Problemlösung erfolgt im Rahmen eines interaktiven Prozesses."
NIEDEREICHHOLZ (1993: S. 109)	„Unternehmensberatung ist definiert als eine Dienstleistung, die durch eine (oder mehrere) unabhängige und qualifizierte Person(en) erbracht wird. Sie zielt darauf ab, Probleme zu analysieren, die mit Kultur, Strategien, Organisation, Verfahren und Methoden im Unternehmen des Auftraggebers zusammenhängen. Es geht darum, Lösungen zu erarbeiten, ihre Umsetzung zu planen und für die Realisierung zu sorgen."
ALTHAUS (1994: S. 44)	„Unternehmensberatung ist eine individuell gestaltete Interventionsstrategie zur Herbeiführung organisatorischen Wandels. Sie wird in Form eines Projektes in einem problemorientierten Interaktionsprozess von einer externen Beratungsgesellschaft als betriebliche Hauptleistung zusammen mit Mitarbeitern des Klientenunternehmens erbracht. Ziel ist die Unterbreitung von Handlungsvorschlägen, bezüglich welcher die Unternehmensberater keinerlei Entscheidungs- und Durchsetzungskompetenz verfügen."

---

[10] Vgl. z. B. ALLANSON (1985: S. 10), ELFGEN/KLAILE (1987: S. 21) und SEIGNER (1997: S. 13).

[11] Vgl. ELFGEN/KLAILE (1987: S. 21).

[12] Vgl. z. B. ELFGEN/KLAILE (1987: S. 82 ff.), STEYRER (1991: S. 8), KIESER (1998a: S. 196) oder BINNEWIES (2002: S. 43 f.).

Autor/Quelle	Definition
SOMMERLATT E (2000: S. 85)	„Unternehmensberatung ist eine auftragsindividuelle Dienstleistung professioneller, unabhängiger, organisationsinterner oder –externer Personen, die im Rahmen zeitlich und sachlich abgegrenzter Projekte zur Lösung betriebswirtschaftlicher Probleme öffentlicher oder privatwirtschaftlicher Organisationen erbracht wird, innerhalb derer die Leistungserbringer über keinerlei Entscheidungs- oder Durchsetzungskompetenz verfügen."

Abb. 1-1:   Überblick über Definitionen der Unternehmensberatung (Quelle: eigene)

Um einen Überblick über die Vielfalt der unterschiedlichen Definitionen zu bekommen, werden in Abbildung 1-1 einige ausgewählte Definitionsversuche unterschiedlicher Autoren exemplarisch dargestellt.[13] Die von SOMMERLATTE (2000: S. 85) entwickelte Definition in Abbildung 1-1 wurde aus 15 zentralen Veröffentlichungen entwickelt und spiegelt dementsprechend den aktuellen Stand der Forschung hinreichend gut wieder. Das Besondere an dieser Definition ist, dass sie nicht wie viele andere Begriffsbestimmungen davon ausgeht, dass die Berater externer Natur sind. Außerdem werden neben privatwirtschaftlichen Organisationen auch öffentliche als mögliche Klienten miteinbezogen.[14]

Ein wesentliches Kriterium der Unternehmensberatung, das sich in einer Vielzahl von Definitionen wieder findet, ist die *Unabhängigkeit* der Berater.[15] Es wird argumentiert, dass die Berater keiner Weisungsbefugnis Dritter unterliegen. Dadurch soll Neutralität und Objektivität gegenüber dem Klienten gesichert werden.[16] Dass auch hierüber in der wissenschaftlichen Diskussion keine Einigkeit besteht, erkennt man bei MOHE (2003: S. 31), der darauf hinweist, dass auch Berater in komplexen Abhängigkeitsverhältnissen stehen.

Das Merkmal der *Externalität* gilt in der Literatur überwiegend als konstitutives Merkmal der Unternehmensberatung.[17] Subsumiert man nun unter Unternehmensberatung auch die internen Beratungen, ist es problematisch, von Externalität zu sprechen. Dies gilt

---

[13] Für eine ausführliche Diskussion unterschiedlicher Begriffsdefinitionen sei verwiesen auf KRÖBER (1991: S. 1 ff.), GROSS/BRÜGGER (1992: 10 ff.) und SOMMERLATTE (2000: S. 71 ff.).

[14] Es sei jedoch angemerkt, dass auch diese Definition mehreren Kritikpunkten unterworfen werden kann, vgl. hierzu LINDER (2006 i. V.: S. 10 ff.).

[15] Vgl. die in Abbildung 1-1 dargestellten Definitionen von NIEDEREICHHOLZ und SOMMERLATTE und darüber hinaus BARTLING (1985: S. 12), MUGLER/LAMPE (1987: S. 478), ELFGEN (1988: S. 16), STUTZ (1988: S. 99 f.) und STEYRER (1991: S. 9).

[16] Vgl. DICHTL (1998: S. 17).

[17] Vgl. STEYRER (1991: S. 9).

insbesondere dann, wenn argumentiert wird, dass Berater gerade wegen ihrer externen Stellung besonders unabhängig und neutral sind.[18]

Ähnliches gilt für das Merkmal *Qualifikation*. Eine Vielzahl der in der Literatur vorzufindenden Definitionsversuche beschreibt Unternehmensberatung als eine Tätigkeit, die von „qualifizierten" Personen durchgeführt wird.[19] Problematisch ist jedoch, dass – wie bereits oben angedeutet – keine Kriterien für den Berufsstand des Unternehmensberaters offiziell festgelegt sind, wie das etwa bei Fachärzten, Rechtsanwälten, Steuerberatern oder Wirtschaftsprüfern der Fall ist. Ausgehend vom Gesetz darf sich Jedermann „Unternehmensberater" nennen.[20]

Allein an den hier diskutierten Merkmalen[21] erkennt man, dass es äußerst schwierig ist, eine allgemeingültige Definition für Unternehmensberatung zu finden. Um dennoch zu einer Arbeitsdefinition zu gelangen, soll der kleinste gemeinsame Nenner der Definitionsversuche bestimmt werden.[22]

Überraschend früh stellte SHAY (1974: S. 38, zitiert nach KUBR 1977: S. 21) fest: „There are, therefore, 'two major aspects to any consulting relationship: (1) the analysis and solution of the problem, and (2) the relationship between consultant and client'." Es lassen sich folglich zwei grundlegende Merkmale von Unternehmensberatung identifizieren: das *Vorliegen eines Problems*[23] und die *Zusammenarbeit zwischen Berater und Klient*[24]. Über diese beiden Merkmale besteht in der Literatur weitgehend

---

[18] Das man diesbezüglich auch eine andere Meinung vertreten kann, wird in Kapitel 3.2.1 dargestellt.

[19] Vgl. die in Abbildung 1-1 dargestellten Definition von NIEDEREICHHOLZ und darüber hinaus etwa HOFFMANN (1991: S. 40), KRÖBER (1991: S. 32), VOGELSANG (1992: S. 32) und DICHTL (1998: S. 20).

[20] Vgl. hierzu auch STUTZ (1988: S. 50 ff.).

[21] Ein weiteres diskussionsbedürftiges Merkmal ist die Charakterisierung von Unternehmensberatung als *Dienstleistung*. Hier sei jedoch verwiesen auf LINDER (2006 i. V.: S. 12 ff.) und die dort angegebene Literatur.

[22] Vgl. auch MOHE (2003: S. 37 ff.).

[23] Vgl. insbesondere WALGER (1995: S. 1), MERZ (1996: S. 1081) und WOLF (2000: S. 94 ff.), aber z. B. auch ERDÖD (1984: S. 52), VOGELSANG (1992: S. 20), ALTHAUS (1994: S. 32) und DÄFLER (1998: S. 9). Zu einem kritischen Standpunkt vgl. SCHRÄDLER (1996: S. 14): „So erscheint es wenig fruchtbar, immer dann von Unternehmensberatung zu sprechen, wenn es sich um eine extern erbrachte Dienstleistung handelt, die irgendein Problem irgendwie löst."

[24] Vgl. z. B. REINECKE/HENNECKE (1982: S. 62), ELFGEN/KLAILE (1987: S. 30) und TIMEL (1998: S. 208).

Einverständnis.[25] Demzufolge soll Unternehmensberatung mit MOHE (2003: S. 40), der sich hierbei an LIPPITT/LIPPITT (1977: S. 94) anlehnt, als „probleminduzierte Kooperation" definiert werden.

Um zu verdeutlichen, warum ein Klient die Dienste einer Unternehmensberatung in Anspruch nimmt, sollen im Folgenden die unterschiedlichen Funktionen, die eine Beratungsfirma aus Sicht der Klienten wahrnehmen kann, dargestellt werden.[26]

Die meisten Autoren differenzieren bei ihrer Analyse der Beratungsfunktionen in latente und offizielle.[27] Offizielle Funktionen werden vertraglich festgehalten und öffentlich kommuniziert, was hingegen bei latenten Funktionen nicht der Fall ist.[28] Diese Differenzierung soll hier nicht verfolgt werden. Einerseits, weil diesbezüglich widersprüchliche Erkenntnisse in der Literatur existieren, und andererseits ist die Zuordnung in latent und offiziell immer abhängig vom jeweiligen Beratungsprojekt zu betrachten und kann nicht allgemein festgelegt werden.[29]

Folgende Funktionen der Unternehmensberatung sollen vorliegend unterschieden werden: Wissensgenesefunktion, Neutralitätsfunktion, Wirtschaftlichkeitsfunktion, Durchsetzungsfunktion und Legitimierungsfunktion.[30]

Anders als bei den meisten Autoren soll hier nicht von einer Wissenstransferfunktion die Rede sein[31], bei der der Berater über ein spezielles problem- und/oder prozessbezogenes Wissen verfügt, welches der Klient nicht besitzt. Die Bezeichnung „Wissensgenesefunktion" (LINDER 2006 i. V.: S. 18) trifft den Kern der Sache besser. Wissen kann beim Klienten auch durch Stimulations- und Moderationsverfahren des

---

[25] Vgl. MOHE (2003: S. 39). Uneinigkeit hingegen besteht über die Verknüpfung der beiden Merkmale, vgl. für einen alternativen als den hier dargestellten Verknüpfungsversuch SCHADE (1997: S. 12).

[26] Vgl. im Folgenden z. B. ESCHBACH (1984: S. 38 ff.), SCHRÄDLER (1996: S. 21 ff.), NICOLAI (2000: S. 255 ff.) und LINDER (2006 i. V.: S. 17 ff.). Es muss jedoch berücksichtigt werden, dass sich die genannten Autoren hinsichtlich Klassifikation in latente und offizielle Funktionen, Aggregation und Terminologie der Funktionen unterschieden.

[27] Vgl. beispielsweise NICOLAI (2000: S. 17 ff.).

[28] Vgl. KIESER (1998a: S. 198).

[29] Vgl. ERNST (2002: S. 18) aber auch LINDER (2006 i. V.: S. 17), der feststellt, dass z. B. sowohl NICOLAI (2000: S. 257) als auch KIESER (1998a: S. 199) eine Legitimations- und Durchsetzungsfunktion identifizieren, jedoch Uneinigkeit darüber besteht, ob diese Funktionen latent oder offiziell sind, da sie NICOLAI den latenten zuordnet, KIESER hingegen den offiziellen Funktionen.

[30] Vgl. hierzu und im Folgenden LINDER (2006 i. V.: S. 18 ff.).

[31] Vgl. etwa bei SCHRÄDLER (1996: S. 22 f.) oder NICOLAI (2000: S. 233 ff. und S. 247 f.).

Beraters entstehen und nicht nur durch die klassische Wissensübertragung vom aktiven Berater auf den passiven Klienten.[32]

Im Rahmen der *Neutralitätsfunktion* geht es zum einen darum, dass Berater bei politischen Machtspielen der Klienten neutral eingreifen können und damit zu einer Fokussierung auf die übergeordneten Ziele des Klientenunternehmens beitragen können. Zum anderen unterliegen Berater nicht der Betriebsblindheit von „Communities of Assumptions" (KIRSCH 2001: S. 333) und können durch Einbringung einer externen Perspektive[33] blinde Flecken aufdecken. Dadurch soll wiederum das Erreichen der übergeordneten Ziele des Klienten gefördert werden.

Steht der Klient vor der klassischen „Make-or-Buy"-Entscheidung und ist es wirtschaftlicher, für gewisse Aufgaben eine Beratungsfirma zu engagieren, so spricht man von der *Wirtschaftlichkeitsfunktion* von Unternehmensberatung. Hierbei geht es meist um selten anfallende Aufgaben, die der Klient mit seinen internen Ressourcen nicht erbringen kann und deshalb auf eine Unternehmensberatung zurückgreift.

Die *Durchsetzungsfunktion* handelt von der Mobilisierung Betroffener bei der Realisierung geplanter Veränderungen durch Unternehmensberater. Hierbei wird die Durchsetzung – neben der Expertenmacht und den rhetorischen Fähigkeiten der Berater – allein auch durch die Tatsache erleichtert, dass große Summen für die Beratung investiert wurden. Ähnliches gilt für die Politikfunktion, bei der es um die Unterstützung des Auftraggebers bei der Durchsetzung bereits gefasster Vorstellungen geht. Ein Unterschied besteht darin, dass bei der Politikfunktion situative, spezifische Faktoren als Grundlage dienen (z. B. wenn es um umfassende Freisetzungen geht). Bei der Durchsetzungsfunktion liegt der Schwerpunkt eher bei Entscheidungen, die weite Bereiche der Organisation betreffen. So gesehen kann man die Politikfunktion als eine Unterfunktion der Durchsetzungsfunktion sehen.

---

[32] Vgl. hierzu auch die „Katalyse-Funktion" bei ESCHBACH (1984: S. 41).

[33] Es sei hier darauf hingewiesen, dass diese externe Perspektive durchaus auch von internen Unternehmens-beratungen eingebracht werden kann.

Da gerade unternehmerische Entscheidungen für gewöhnlich mit hoher Unsicherheit behaftet sind, wird oft eine Unternehmensberatung engagiert, um Entscheidungen zu rechtfertigen. Dies entspricht der *Legitimierungsfunktion*.

> „Jeder Manager ist gegenüber potenziellen Anfeindungen seiner Entscheidungen gut beraten, auf externe Experten verweisen zu können, die für die besondere Dignität des Wissens bürgen, das seine Entscheidungen anleitet – gerade auch im Fall nachträglich festgestellter Erfolglosigkeit."[34] (FAUST 1998: S. 166)

Die Verantwortung der Entscheidungsträger kann durch das Hinzuziehen von Unternehmensberatern reduziert werden, indem die Berater ein rationales Vorgehen bescheinigen. Hierbei gilt das Prinzip: umso renommierter die Beratungsfirma, desto effektiver die Legitimierung.

In diesem Kapitel sollte ein allgemeiner Überblick über die Funktionen der Unternehmensberatung und dem zugrunde liegenden Verständnis von Unternehmensberatung geschaffen werden. Es wurde auf den kleinsten gemeinsamen Nenner der Definitionsversuche zurückgegriffen und Unternehmensberatung demzufolge als „probleminduzierte Kooperation" definiert. Abschließend sei angemerkt, dass die betrachteten Funktionen der Unternehmensberatung nicht überschneidungsfrei anwendbar sind. Dies spiegelt sich auch in den unterschiedlichen Darstellungen der angegebenen Autoren wider. Das folgende Kapitel beschäftigt sich mit dem Beratungssystem und seinen einzelnen Subsystemen.

1.2 Das Beratungssystem

Will man einen komplexen Untersuchungsgegenstand in seine einzelnen Bestandteile aufgliedern und Beziehungen zwischen den Elementen aufzeigen, eignet sich hierfür der Systembegriff bestens.[35] Mit dem Beratungssystem im weiteren Sinne, dem Beratersystem, dem Klientensystem und dem Beratungssystem im engeren Sinne lassen sich vier Systeme der Beratung differenzieren (vgl. Abbildung 1-2).

---

[34] Es sei angemerkt, dass man hier unter „externen Experten" auch Berater interner Unternehmensberatungen subsumieren kann.

[35] Vgl. zum Systembegriff z. B. ULRICH (1970: S. 105), GREIF (1983: S. 19 ff.), ULRICH/PROBST (1988: S. 27 ff.) und STAEHLE (1990: S. 40 ff.).

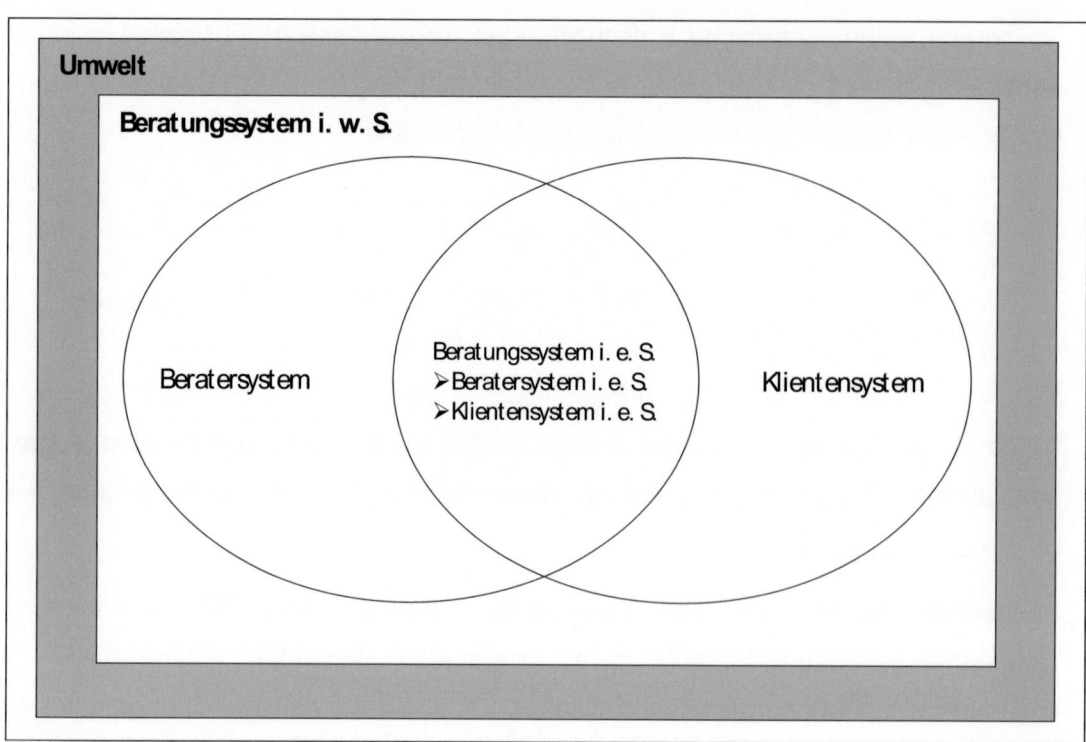

Abb. 1-2:   Das Beratungssystem (Quelle: modifiziert nach STUTZ 1988: S. 119)

Das Beratersystem und das Klientensystem sind auf Dauer angelegte Systeme bestehend aus den jeweiligen Mitarbeitern. Das Beratungssystem im weiteren Sinne setzt sich aus allen Mitgliedern des Beratersystems und des Klientensystems zusammen. Außerdem bildet eine Schnittmenge aus Berater- und Klientensystem das Beratungssystem im engeren Sinne. Hier gehen die Produktion der Beratungsleistung und die kommunikativen Prozesse vonstatten. Dieses (das Beratungssystem im engeren Sinne) ist für eine befristete Zeit – für die Dauer des Beratungsprojektes – angelegt und wird nach Abschluss des Projektes wieder aufgelöst. Da Beratung einen ausgeprägten sozialen Charakter aufweist, stehen hierbei zunächst Individuen im Zentrum des Interesses. So gesehen ist ein Individuum Mitglied des Beratungssystems im engeren Sinne, sobald es in irgendeiner Art und Weise am betreffenden Beratungsprojekt beteiligt ist. Also ist der Unterschied zwischen Beratungssystem im engeren und im weiteren Sinne die aktive Involvierung im Beratungsprojekt. Die Mitgliedschaft eines Individuums im Beratungssystem im engeren Sinne kann sich abhängig von den jeweiligen Projektphasen[36] verändern. So ist es etwa denkbar, dass ein Projektleiter das ganze Beratungsprojekt über diesem Schnittstellensystem angehört, wohingegen ein Interviewpartner des Klientenunternehmens nur in der Diagnosephase zum Beratungssystem im engeren Sinne gehört.[37]

Das Beratungssystem im engeren Sinne lässt sich auch differenzieren nach einem Beratersystem im engeren Sinne und einem Klientensystem im engeren Sinne (vgl. Abbildung 1-2 und insbesondere Abbildung 1-3). Die Mitglieder des Beratersystems und des Klientensystems im engeren Sinne (Beratungssystem im engeren Sinne) sind – wie schon erwähnt – diejenigen Mitglieder aus Berater- und Klientensystem, die am Beratungsprojekt mitarbeiten und von dessen Auswirkungen direkt betroffen sind. Hierbei lassen sich prinzipiell drei Gruppen unterscheiden, die für viele Beratungsprojekte repräsentativ sein dürften, auch wenn die Beratungsfirmen und Klientenunternehmen oft eigene, aber einander ähnelnde Bezeichnungen haben:

- Der Partner bzw. Senior Consultant ist verantwortlich für die Akquisition und das Marketing von Beratungsprojekten. Außerdem überwacht er meist mehrere Beratungsstudien.

- Der Aufgabenbereich von Managern/Projektleitern erstreckt sich über Organisation, Planung und Koordination eines oder mehrerer Projekte. Sie sind verantwortlich für die Ergebnisse ihres/ihrer Projektes/Projekte.

- Junior Consultants erfüllen anfangs primär technische und ausführende Aufgaben wie etwa Datensammlung und Analyse.

Auf der Klientenseite können als Pendant folgende Systemmitglieder ausgemacht werden:[38]

- die Auftraggeber bzw. Vertreter des Top-Managements,

---

[36] Vgl. zu den einzelnen Phasen der Beratung das nachfolgende Teilkapitel.

[37] Vgl. STUTZ (1988: S. 118 ff.), HOFFMANN (1991: S. 26 ff.), STRASSER (1993: S. 54 ff.), ALTHAUS (1994: S. 28 ff.), HILLEMANNS (1995: S. 16 ff.), KÖPPEN (1999: S. 28 f.) und MOHE (2003: S. 25 ff.).

[38] An dieser Stelle sei angemerkt, dass immer der Empfänger der Beratungsleistung gemeint ist, wenn in der vorliegenden Arbeit von Klient, Klientenunternehmen oder Kunde der Beratung gesprochen wird. Dies kann eine Organisation, eine Gruppe von Personen (z. B. ein Geschäftsbereich) oder ein Individuum (z. B. Vorstand) sein.

- Projektkoordinatoren, die mit der Planung und Organisation des Projektes vertraut sind und

- die am Projekt beteiligten Mitarbeiter.[39]

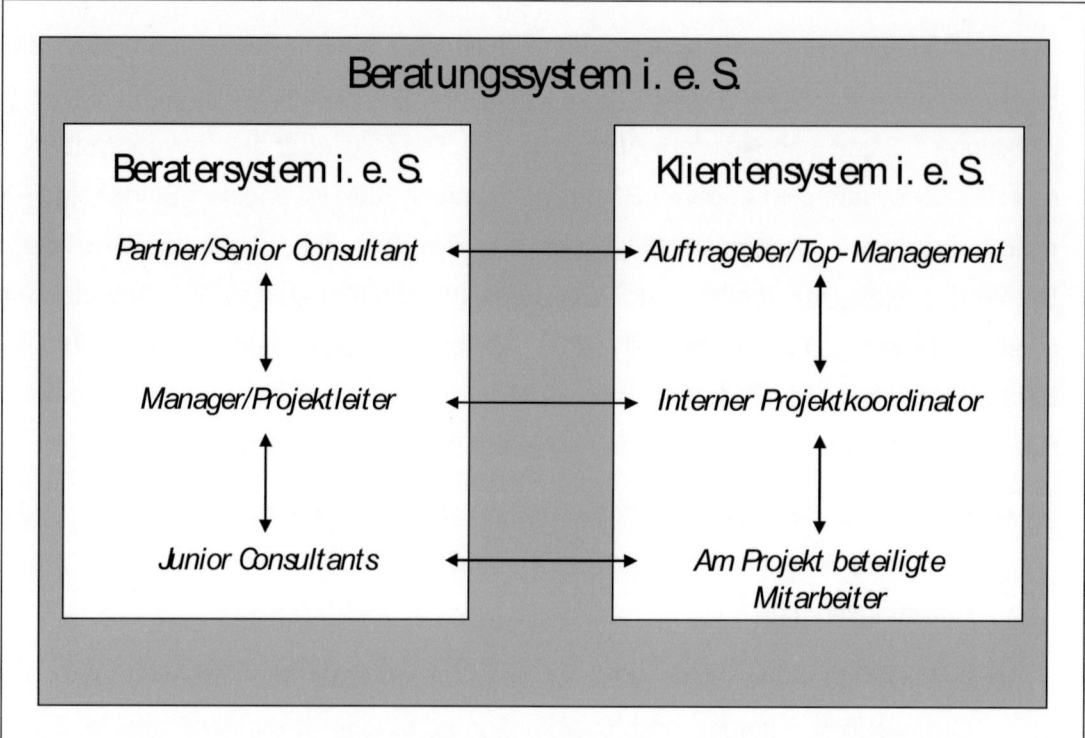

Abb. 1-3: *Mitglieder des Beratungssystems im engeren Sinne (Quelle: modifiziert nach HOFFMANN 1991: S. 28 und HILLEMANNS 1995: S. 19)*

Nachdem der Beratungsprozess schon in diesem Teilkapitel angesprochen wurde, und da er als grundlegende Basis für Fragestellungen zur Unternehmensberatung gilt, soll im folgenden Kapitel 1.3 auf diesen näher eingegangen werden.

1.3 Der Beratungsprozess

In nahezu allen Literaturbeiträgen, die sich mit der Thematik der Unternehmensberatung auseinandersetzen, wird gemeinhin versucht, charakteristische Phasen von Beratungsprojekten zu benennen.[40] Trotz einigen Unterschieden im Detail

---

[39] Vgl. HOFFMANN (1991: S. 28 ff.) und HILLEMANNS (1995: S. 17 f.).

[40] Um nur einige zu nennen vgl. etwa LIPPIT/LIPPIT (1984: S. 18 ff.), ELFGEN (1991: S. 285 ff.), HOFFMANN (1991: S. 58 ff.), STRASSER (1993: S. 94 ff.), ALTHAUS (1994: S. 45 ff.), HILLEMANNS (1995:

der einzelnen Phasen, stimmen die meisten Autoren im Großen und Ganzen überein. LAMPE (1991: S. 47 ff.) liefert eine detaillierte Gegenüberstellung von 21 Ansätzen.

Stellvertretend für die Fülle möglicher Darstellungen des Beratungsprozesses soll nachfolgend der Vorschlag von ELFGEN/KLAILE (1987: S. 65 ff.) wiedergegeben werden. Im Gegensatz zu einer zeitlichen Einteilung der Phasen, bedient sich dieser einer sachlogischen Aufgliederung. Dies bietet unter anderem den Vorteil, dass die zeitliche Anpassung je nach Art der Problemstellung vorgenommen werden kann.[41] Abbildung 1-4 liefert einen Überblick über alle 12 Phasen des Beratungsprozesses. Im Anschluss daran werden die einzelnen Phasen kurz beschrieben.[42]

1. Identifikation des Problembereichs
2. Strukturierung des Problems
3. Festlegung des Beratungsziels
4. Durchführungsplanung
5. Vertragsgestaltung
6. Informationsbeschaffung
7. Informationsverarbeitung
8. Generierung von Lösungsalternativen
9. Bewertung der Lösungsalternativen
10. Ergebnispräsentation und Empfehlung
11. Implementierung
12. Realisierung

Abb. 1-4:   Der Beratungsprozess (Quelle: STRASSER 1993: S. 95)

1. Identifikation des Problembereichs: Im Rahmen einer Problemanalyse wird die Problemstellung eingegrenzt und mit Hilfe vorhandener Informationen konkretisiert.

2. Strukturierung des Problems: Da die Problembeschreibungen des Klienten in der Regel allgemein formuliert sind, muss das Problem strukturiert werden. Dadurch soll der eigentliche Problemtyp erfasst werden.

S. 20 f.), SCHRÄDLER (1996: S. 58 ff.), EFFENBERGER (1998: S. 98 ff.), KÖPPEN (1999: S. 39 ff.), SOMMERLATTE (2000: S. 130 ff.) und FRITZ/EFFENBERGER (2002: S. 278 ff.).

[41]   Vgl. SCHRÄDLER (1996: S. 62).

[42]   Vgl. zum Folgenden ELFGEN/KLAILE (1987: S. 65 ff.).

3. Festlegung des Beratungsziels: Das Ausmaß der Veränderung beim Klientensystem wird bestimmt bzw. die zu erreichenden Ziele werden vereinbart.

4. Durchführungsplanung: Teilaufgaben werden determiniert und der Weg zur Zielerreichung abgesteckt.

5. Vertragsgestaltung: Die gemachten Zielvereinbarungen und Vorgehensweisen werden vertraglich festgehalten. Dazu zählen auch Kompetenzverteilungen und Honorarvereinbarungen.

6. Informationsbeschaffung: Entweder in Zusammenarbeit mit dem Klienten oder durch den Berater alleine werden alle wesentlichen Informationen gesammelt.

7. Informationsverarbeitung: Die zuvor gesammelten Informationen werden aufbereitet.

8. Generierung von Lösungsalternativen: Zusammen mit dem Klienten werden verschiedene Lösungsalternativen erarbeitet. Dies kann losgelöst vom Kriterium der Realisierbarkeit geschehen.

9. Bewertung der Lösungsalternativen: Durch die Bestimmung des Zielerreichungsgrades werden die Lösungsalternativen bewertet.

10. Ergebnispräsentation und Empfehlung: Der Unternehmensberater präsentiert die gewonnenen Erkenntnisse seinem Klienten und gibt eine Empfehlung ab. Die letzte Entscheidung liegt jedoch beim Klienten.

11. Implementierung: Hierbei geht es darum, eventuellen Widerständen gegen Veränderungsmaßnahmen entgegenzuwirken und konkrete Realisierungs- oder Handlungsanweisungen zu erarbeiten.

12. Realisierung: In dieser letzten Phase sollen die erarbeiteten Lösungen umgesetzt, also in die Praxisarbeit des Kunden einbezogen werden.[43]

Es gilt zu berücksichtigen, dass in jeder Phase Berater und Klient zusammenwirken müssen. Der Beratungsprozess ist somit keinesfalls ein eingleisiges Unterfangen von Beraterseite her. Des Weiteren muss man beachten, auch wenn hier explizit von

---

[43] Für eine erweiterte Betrachtung der einzelnen Phasen mit teilweisen Ergänzungen und kritischen Anmerkungen vgl. SCHRÄDLER (1996: S. 59 ff.).

„Phasen" die Rede ist, so soll dies erstens nicht bedeuten, dass die einzelnen Phasen zwingend in der dargestellten Reihenfolge ablaufen müssen. Vielmehr können einzelne Phasen auch übersprungen oder im Sinne eines iterativen Vorgehens mehrmals durchlaufen werden.[44] Zweitens werden hier die einzelnen Phasen nicht als eindeutig abgrenzbare Abschnitte gesehen - auch wenn dies der Begriff „Phase" intuitiv impliziert. Die einzelnen Phasen gehen fließend ineinander über, und es kann unter Umständen nicht exakt bestimmt werden, in welcher Phase man sich gerade befindet. So können z. B. die Informationsbeschaffung und -verarbeitung kaum als abgrenzbare Phasen angesehen werden, sondern begleiten vermutlich den kompletten Beratungsprozess.

Da die Gestaltung der einzelnen Phasen in der Praxis stark von der spezifischen Situation abhängt und von Fall zu Fall neu zu betrachten ist, dient das vorgestellte Phasenschema eher als Heuristik. Es kann und soll hier nicht der Anspruch eines allgemeingültigen Phasenschemas erhoben werden.

Nach dieser ersten allgemeinen Einführung zum Thema Unternehmensberatung wird im zweiten Kapitel der Klient in den Mittelpunkt der Betrachtung gerückt. Es wird insbesondere darauf eingegangen, wie Klienten sich im Umgang mit Unternehmensberatung professionalisieren können.

---

[44] Vgl. ELFGEN/KLAILE (1987: S. 69 f.).

2 Klientenprofessionalisierung

Unter der Klientenprofessionalisierung wird der professionelle Umgang mit Beratung aus dem Blickwinkel der Klienten verstanden. Sie lässt sich untergliedern in expertenorientierte und reflexive Klientenprofessionalisierung. Wie in der Einleitung schon erwähnt, existiert über die Thematik der Klientenprofessionalisierung trotz des zunehmenden Interesses wenig Literatur. Um ein Gefühl zu schaffen, worum es hierbei geht, werden verschiedene Strategien der Klientenprofessionalisierung in Kapitel 2.2 vorgestellt. Im Anschluss daran wird in Kapitel 2.3 eine Konzeption eines professionellen Umgangs mit Beratung erarbeitet, die unter anderem die zuvor erläuterten Strategien der Klientenprofessionalisierung mitberücksichtigt. Zunächst werden jedoch Indikatoren ermittelt, die für eine Klientenprofessionalisierung sprechen.

2.1 Indikatoren für einen professionellen Umgang mit Unternehmensberatung

Um herauszufinden, warum ein professioneller Umgang mit Beratung eigentlich vonnöten ist, werden im Folgenden einige zentrale Indikatoren eruiert, die die These untermauern, dass Klienten sich im Umgang mit Beratungsfirmen professionalisieren sollten. Im Anschluss daran wird gezeigt, dass der unprofessionelle Umgang mit Beratung negative Folgen für den Beratungsmarkt hat und somit letztlich auf den Klienten selbst zurückwirkt.[45]

Unsichere und falsche Einschätzung des Beratungsbedarfs

Vor allem bei großen Unternehmen ist der Beratungsanlass oftmals sehr unpräzise. Es wird teilweise gar nicht erst geprüft, ob ein solcher überhaupt gegeben ist. Berater werden auf Zuruf engagiert, was im Einzelfall zu einem regelrechten „Beraterwildwuchs" (MOHE/KOLBECK 2003: S. 1) führen kann.

Zulassen von Problemumdeutungen seitens der Berater

Ist sich der Klient nicht sicher bezüglich des vorherrschenden Problems in seinem Unternehmen, bietet dies den Beratern die Gelegenheit, das Problem so umzudeuten, dass vorgefertigte Lösungen einsetzbar sind. In diesem Fall wird von den Beratern zwar

---

[45] Vgl. zu Folgendem MOHE/PFRIEM (2002: S. 29 ff.).

eine Leistung erbracht, die Wahrscheinlichkeit aber, dass das eigentliche Problem inklusive Ursache nach wie vor weiter besteht, ist relativ hoch.

Keine Ausschöpfung von Synergiepotenzialen

Wird im Rahmen mehrerer Beratungsprojekte die Auftragsvergabe nicht systematisch kontrolliert, kann es durchaus vorkommen, dass unterschiedliche Beratungsfirmen einander ähnelnde Projekte bearbeiten. Hierdurch gehen Synergiepotenziale verloren. Existiert darüber hinaus auch kein organisationsweites Wissen darüber, welche Beratung welche Projekte durchgeführt hat, besteht die Gefahr, das gleiche, ähnliche oder aufeinander aufbauende Projekte nicht von derselben Unternehmensberatung behandelt werden.

Eingeschränkte Überprüfung von Beratungsabrechnungen

Die pauschale Vergabe von Beratungsaufträgen birgt die Gefahr, dass einzelne Berater dem Klienten doppelt in Rechnung gestellt werden. Dies ist z. B. der Fall, wenn ein Projektleiter Mitarbeiter zweier verschiedener Projektteams ist. Außerdem sind Beratungsabrechnungen meist so aggregiert, ungenau und uninformativ, dass sie zur Kostenkontrolle wenig geeignet sind.[46]

Unsystematische Beraterauswahl

Aufgrund der Intransparenz des Beratungsmarktes ist es schwierig, den „richtigen" Berater für das „richtige" Problem zu finden. Oftmals dienen als Basis für derartige Entscheidungen eher willkürliche Auswahlkriterien wie etwa Bekanntheitsgrad der Beratungsfirma, Empfehlungen Dritter oder eigene Erfahrungen und persönliche Beziehungen. Im Übrigen ist es oft der Fall, dass heutige Entscheidungsträger früher selbst bei einer Unternehmensberatung angestellt waren, und es meist nur mit deren Hilfe überhaupt in die jetzige Position geschafft haben. Aus diesem Grund fühlen sie sich dem früheren Arbeitgeber verpflichtet und revanchieren sich auf diese Art und Weise.[47]

---

[46] Vgl. auch MITCHELL (1994: S. 328 f.).
[47] Vgl. BYRNE/MC WILLIAMS (1993: S. 36 ff.).

Verfrühter Abbruch aufgrund sachlicher oder persönlicher Konflikte

Die Berater-Klienten-Beziehung ist eine wichtige Determinante für den Beratungserfolg.[48] Besteht hier ein „Misfit" im Sinne von persönlichen oder sachlichen Konflikten, wird das Beratungsverhältnis in vielen Fällen vorschnell abgebrochen und auf eine andere Beratungsfirma zurückgegriffen. Durch dieses Vorgehen entstehen erhöhte Einarbeitungszeiten verbunden mit entsprechend höheren Kosten. Darüber hinaus gehen bereits erarbeitete Beratungsstrukturen verloren und müssen bei der neu beauftragten Unternehmensberatung abermals aufgebaut werden.

Einsatz überforderter oder beratungsunerfahrener interner Mitarbeiter in Beratungsprojekten

Interne Mitarbeiter des Klientenunternehmens sind oft unerfahren im Umgang mit Consultants. Dieser Umstand wird im Vorfeld meistens jedoch nicht geprüft, so dass diese unerfahrenen Mitarbeiter trotzdem eingesetzt werden. Ihr Beitrag zum Gelingen eines Beratungsprojektes verhält sich demnach eher bescheiden. Mit anderen Worten: Oft werden interne Mitarbeiter sinnlos eingesetzt und so gesehen „verschwendet", da sie den Beratungsprozess aufhalten und häufig anderweitig besser hätten zum Einsatz kommen können.

Keine Evaluation der Beratung

Eine Evaluation stellt sich schon wegen der Tatsache, dass das Ergebnis einer Beratung immer in Kollaboration zwischen Berater und Klient vollbracht wird, als ein schwieriges Unterfangen dar. Einzelne Leistungen sind schwer zurechenbar.[49] Doch auch die wenigen in Betracht kommenden Evaluationsmöglichkeiten werden häufig nicht angewandt.[50] Oft wird sogar eine Unternehmensberatung engagiert, ohne zuvor zumindest die Ziele des Projektes klar festzulegen. Allein dadurch ist die Möglichkeit einer vernünftigen Evaluation schon nicht mehr gegeben. Es kann außerdem das durch

---

[48] Vgl. auch Kapital 1.1 und 1.2.

[49] Vgl. für unterschiedliche Konzeptionen zur Messung von Beratungserfolgen KLEIN (1978: S. 105 ff.) und KIENBAUM/MEISSNER (1979: S. 109 ff.).

[50] MOHE/KOLBECK (2003: S. 17) stellten in ihrer Studie fest, dass lediglich 38 Prozent der von ihnen befragten Unternehmen Beratungsprojekte systematisch bewerten, also einer Evaluation unterwerfen.

die Beratung generierte Wissen nicht weiterverwendet werden, und die Chance der Einleitung rechtlicher Schritte[51] bleibt verwehrt.

Beratung zwecks Legitimation statt Problemlösung

Geht es den Klienten bei einem Engagement einer Beratung lediglich darum, bereits getroffene Entscheidungen zu bestätigen und gegenüber den Stakeholdern abzusichern, liegt hier Beratung im eigentlichen Sinn nicht mehr vor. Trotzdem werden große Beträge allein für diesen Zweck verwendet.[52]

In Anbetracht der Entwicklung, dass sich immer mehr Unternehmen dem Prinzip des Shareholder Value[53] verpflichten, ist der dargestellte leichtfertige Umgang mit Beratung umso verwunderlicher. Denn gerade durch den Ansatz des Shareholder Value Prinzips sollen Effektivitäts- und Renditeeinbußen vermieden werden.

Dass der unprofessionelle Umgang mit Beratung negative Folgen für den Beratungsmarkt hat und somit letztlich auf den Klienten selbst zurückwirkt, verdeutlicht Abbildung 2-1.

---

[51] Zum aktuellen Stand der Diskussion zur Haftbarkeit von Unternehmensberatern vgl. QUIRING (2002: S. 43 ff.) und LEIBNER/HOLZKÄMPER (2004: S. 2087 ff.).

[52] Vgl. auch KIESER (1998b: S. 62 ff.) und die diskutierte Legitimierungsfunktion in Kapitel 1.1.

[53] Vgl. zum Prinzip des Shareholder Value etwa RAPPAPORT/KLIEN (1999) und COENENBERG/SALFELD (2003: S. 3 ff.).

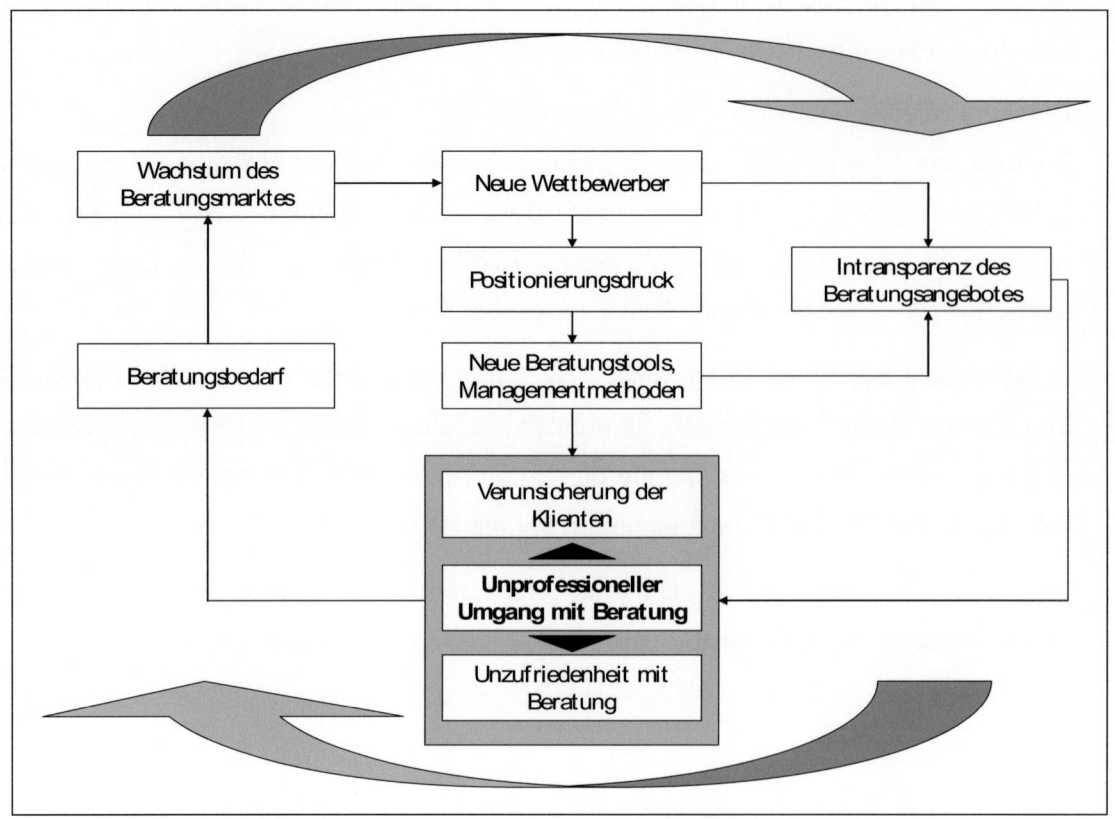

Abb. 2-1:   Folgewirkungen unprofessioneller Klienten (Quelle: MOHE/PFRIEM 2002: S. 32)

Der unprofessionelle Umgang mit Beratung kann der Grund dafür sein, dass ein Unternehmen verunsichert und mit seiner gegenwärtigen Situation unzufrieden ist. Dies löst einen Bedarf an Beratung aus, und Folge hieraus ist, dass der Beratungsmarkt wächst. Aufgrund der Marktdynamik werden immer mehr Wettbewerber angelockt (Finanzdienstleister, Verbände, Wirtschafts- und Steuerberatungen, IT- und New-Media-Anbieter sowie interne Unternehmensberatungen), wodurch das Beratungsangebot intransparent wird. Auf der anderen Seite steigt der Positionierungsdruck für die Beratungsanbieter. Um sich von der Konkurrenz abzuheben, werden immer neue Konzepte und Beratungsansätze entwickelt, die bisweilen in Managementmethoden münden. Die Klienten hingegen können diese Differenzierung nur teilweise nachvollziehen, da sie partiell markttaktischer und ideologischer Natur sind. Sie verlieren sich in der Fülle der Beratungsangebote, die sie letztlich selbst mit bewirkt haben.

Wie man gesehen hat, gibt es einige gute Gründe für Klienten, sich im Umgang mit Unternehmensberatungen zu professionalisieren.[54] Nicht zuletzt auch aufgrund der Tatsache, dass ein unprofessioneller Umgang mit Beratung auf die Klienten selbst zurückwirkt. Wie diese Professionalisierung aussehen kann, darum soll es im nächsten Teilkapitel gehen.

2.2 Strategien der Klientenprofessionalisierung

Will man herausfinden, wie Klienten sich in ihrem Umgang mit Beratung professionalisieren können, stößt man auf den von MOHE (2003) verfassten Beitrag zu diesem Thema. In den folgenden zwei Unterkapiteln werden die von ihm ausgearbeiteten Strategien der Klientenprofessionalisierung näher betrachtet.

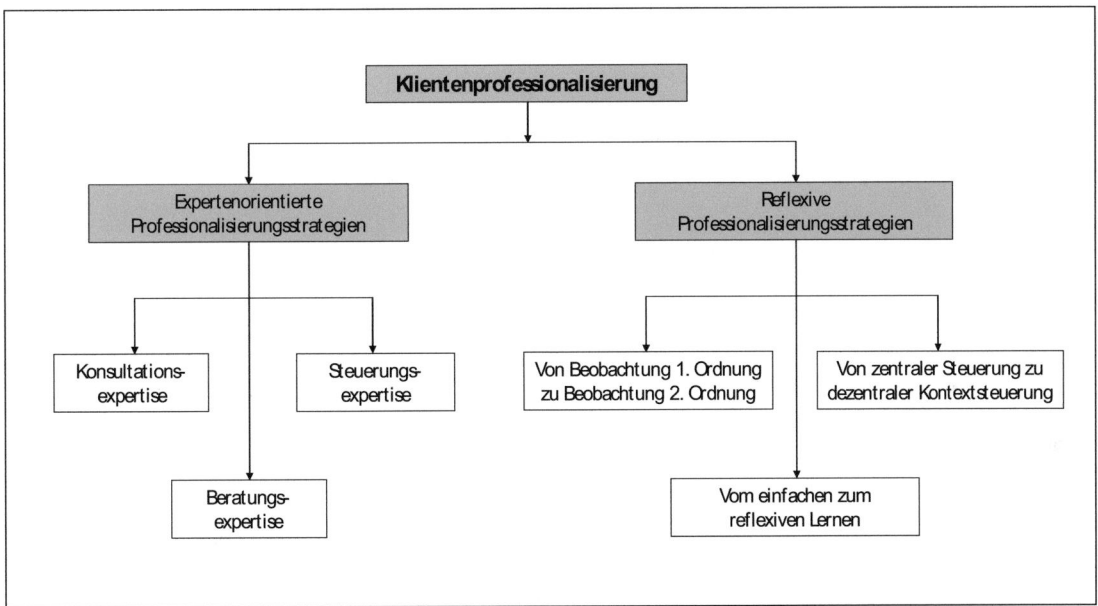

Abb. 2-2: *Überblick über die Klientenprofessionalisierung (Quelle: modifiziert nach MOHE 2003: S. 192 und S. 292)*

Es geraten zunächst zwei grundsätzliche Arten der Klientenprofessionalisierung ins Blickfeld: die expertenorientierte und die reflexive Klientenprofessionalisierung. Abbildung 2-2 gibt einen Überblick über das Phänomen der Klientenprofessionalisierung mit ihren einzelnen Strategien. Im Folgenden gilt es nun

---

[54] Dass viele Unternehmen sich bisher wenig oder gar nicht in ihrem Umgang mit Beratung professionalisieren, zeigt die Studie von MOHE/KOLBECK (2003: S. 21 ff.). Dies weist auch darauf hin, welch großes Potenzial in der Thematik der Klientenprofessionalisierung begründet liegt.

diese getrennt nach expertenorientierter und reflexiver Klientenprofessionalisierung näher zu erläutern.[55]

2.2.1 Expertenorientierte Klientenprofessionalisierung

Nachfolgend soll auf die von MOHE (2003: S. 191) aufgestellte Bezeichnung für expertenorientierte Klientenprofessionalisierung zurückgegriffen werden. Dieser versteht unter expertenorientierter Klientenprofessionalisierung den „klientenseitige[n] Aufbau von Wissen und Kompetenzen umfassender Expertise im Umgang mit Beratung". Prinzipiell können drei verschiedene expertenorientierte Klientenprofessionalisierungsstrategien unterschieden werden: die Konsultationsexpertise, die Steuerungsexpertise und die Beratungsexpertise (vgl. auch noch einmal den linken Teil der Abbildung 2-2).

Konsultationsexpertise

Die Konsultationsexpertise findet Ausdruck in vier Formen: dem Buying Center, verschiedenen Beschaffungsstrategien, Beratungsauswahlverfahren und der Nutzung externer Konsultationsexpertise. Allein daran erkennt man schon, dass sich die Konsultationsexpertise primär auf den Auswahlprozess von Beratung konzentriert.

Im Fokus eines *Buying Centers* steht die Bildung von problembezogenen Gruppen zur Abwicklung des Einkaufs von Investitionsgütern.[56] Die Gefahr einer Fehlinvestition und das Risiko individueller Entscheidungen soll durch Integration mehrerer Personen in den Beschaffungsprozess reduziert werden.[57] Daher liegt es nahe, das Konzept des Buying Centers auch auf die Beschaffung von Beratung anzuwenden.[58] MOHE (2003: S. 195) bedient sich der Methode des morphologischen Kastens,[59] um das Buying Center im Rahmen der Beschaffung von Beratung weiter zu systematisieren und legt folgende Merkmale für den Suchraum fest: Organisatorische Verankerung, hierarchische Stellung, Rollenkonzept, Promotorenkonzept, Informationssuchverhalten,

---

[55] Vgl. im Folgenden – falls nicht anders angegeben – MOHE (2003: S. 185 ff.).
[56] Vgl. BACKHAUS (1992: S. 32).
[57] Vgl. HILL/HILLIER (1977: S. 62) und KOHR (2000: S. 90).
[58] Erste Anwendungen hierzu findet man bei STOCK/ZINSER (1987: S. 1 ff.), Strasser (1993: S. 70 ff.), KOHR (2000: S. 90) und MOHE/PFRIEM (2002: S. 35).
[59] Zur Methode der morphologischen Analyse vgl. LEHMANN (1976: Sp. 3946 ff.) und JAECK (1984: 53 ff.).

Informationsverarbeitungstypen und Entscheidungstypen. Für eine ausführliche Beschreibung der Merkmale sei verwiesen auf Anhang A und die dort angegebene Literatur. Gleiches gilt für den morphologischen Kasten an sich (Anhang B).

Mit Hilfe der Typologisierung des morphologischen Kastens können folgende Erkenntnisse abgeleitet werden:

- unterschiedliche Erklärungen von Beschaffungsvorgängen in Buying Centern,

- Systematisierung und Strukturierung von Buying Centern und den beteiligten Personen,

- Erklärungen für das Zustandekommen von Beratungseinkäufen,

- Erhöhung der Transparenz von Beratungseinkäufen.

Es muss jedoch beachtet werden, dass diese Analyse eher deskriptiver Natur ist und dadurch keine eindeutig zu präferierende Konstellation oder etwa Handlungsempfehlungen ableitbar sind.

Betrachtet man den Einkauf von Beratungsleistungen als strategische Beschaffungs-problematik, bietet es sich an, auf die von BAKER und FAULKNER (1991: S. 33 ff.) entwickelten vier generischen Strategien bzw. *Beschaffungsstrategien* zurückzugreifen.

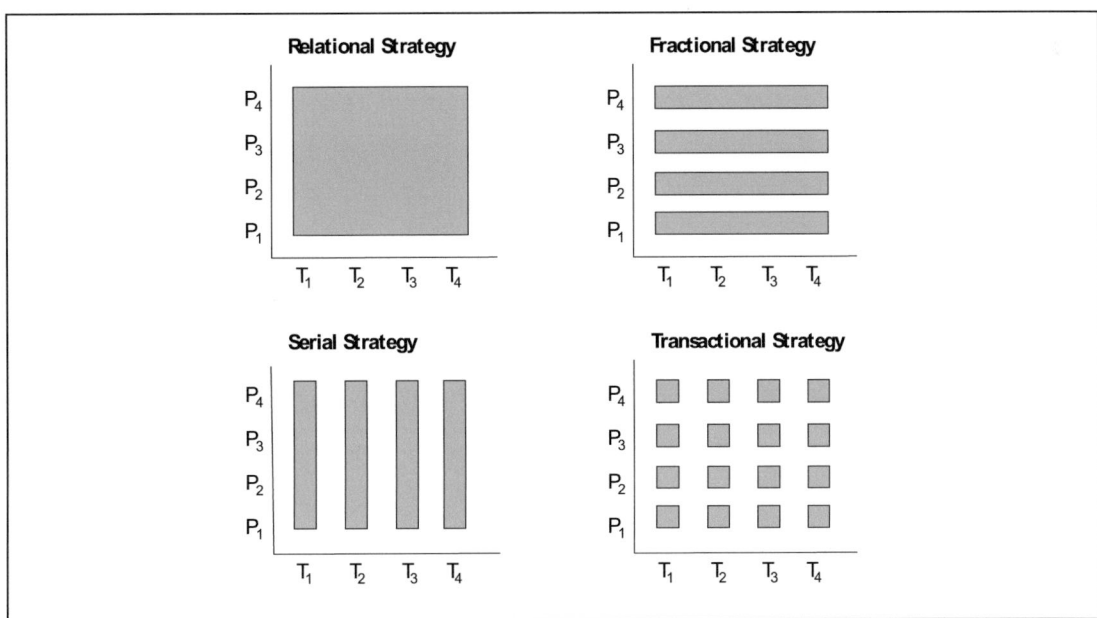

Abb. 2-3:   Generische Beschaffungsstrategien (Quelle: BAKER/FAULKNER 1991: S. 35)

Grundlegend für diese ist, dass sie alle an den Komponenten „product" und „transaction" ausgerichtet sind, wobei product für das jeweilige Dienstleistungsprodukt steht und transaction für die Implementierung, Aktivierung oder Ausführung. Ein Mehrwert wird durch die Kombinationen von „product linkage" (mehrere Produkte beim selben Anbieter beziehen) und „transaction linkage" (mehrere Transaktionen für dasselbe Produkt mit einem Anbieter) geschaffen. Daraus lassen sich vier generische Strategien ableiten: die Relational Strategy (Mehrwert durch „product linkage" und „transaction linkage"), die Serial Strategy (Mehrwert durch „product linkage"), die Fractional Strategy (Mehrwert durch „transaction linkage") und die Transactional Strategy (Mehrwert durch Vermeidung von „product linkage" und „transaction linkage"). In Abbildung 2-3 sind die unterschiedlichen Strategien grafisch dargestellt, wobei „P" für product und „T" für transaction steht.

Die Relational Strategy gilt als der traditionelle Typ bei der Beschaffung von Dienstleistungen. Um einen Mehrwert zu generieren, werden sowohl Produkte als auch Transaktionen verbunden, z. B. durch langfristige, exklusive Beziehungen zwischen Anbieter und Nachfrager bei einer Hausberatung. Bei der Serial Strategy soll Mehrwert durch das „product linkage" geschaffen werden. Während einer bestimmten Periode wird bei mehreren Produkten auf lediglich einen Anbieter zurückgegriffen. In der folgenden Periode wird der Anbieter gewechselt. Angewandt auf den Beratungskontext würde dies bedeuten, dass ein Unternehmen beispielsweise alle anstehenden Beratungsprojekte in einer Periode von Accenture durchführen lässt. In der darauf folgenden Periode wird dann eine andere Beratungsfirma für alle Projekte beauftragt. Die Fractional Strategy baut auf „transaction linkage" auf, d. h. für jedes Produkt wird ein bestimmter Anbieter ausgesucht. Es wird also für jeden Beratungsprojekttyp auf einen speziellen Beratungsanbieter zurückgegriffen. Schließlich geht die Mehrwertschaffung bei der Transactional Strategy mit einer getrennten Betrachtung von product und transaction einher. Dies bedeutet für den Beratungskontext, dass alle Anbieter gleich und anonym angesehen werden und in erster Linie der Preis ausschlaggebend für den Zuschlag ist. Aus diesem Grund erfreut sich die Transactional Strategy großer Beliebtheit bei öffentlichen Institutionen.[60]

Bezüglich *Beraterauswahlverfahren* findet man in der Literatur eine Reihe empirischer Arbeiten, die sich mit diesem Thema befassen.[61] Um einen Überblick zu bekommen, sind die Ergebnisse einiger ausgewählter Studien in Abbildung 2-4 zusammengefasst.

Relevanz	Hoch			Gering
DAWES/DOWLING/PATTERSON (1992: S.190)	Reputation in specific functional areas	General Reputation	Clients know specific consultant(s)	Experience with consulting firm
CLARK (1995: S. 70)	Reputation of consultants	Reputation of consultancy	Knowledge of client	Personal recommendation
KAAS/SCHADE (1995: S. 1075)	Guter Ruf	Branchen-reputation	Beratungsangebot	Persönliche Bekanntschaft
KOHR (2000: S. 23)	Problemverständnis	Realisierbarkeit des Konzeptes	Einbindung des Klienten in das Projekt	Vorgestellte Beratungsmethode (Methoden-kompetenz)
HIRN/STUDENT (2001: S. 55)	Fachliche Kompetenz	Persönliche Kompetenz	Persönlichkeit der Berater	Beauty Contest
KOLBECK (2001: S. 213)	Reputation	Beratungs-philosophie	Referenzen	Kosten
HÖCK/KEUPER (2001: S. 430 f.)	Qualifikation	Branchen-erfahrung	Präsentation des Konzepts	Ausschreibungs-anforderungen
MOHE/KOLBECK (2003: S. 12 f.)	Beratung aus früheren Projekten bekannt	Kompetenz des Beraters	Vorgelegtes Beratungskonzept	Reputation
CZERNIAWSKA/MAY (2004: S. 7)	Ability to deliver	Experienced consulting Team	Spezialist expertise	Reputation

Abb. 2-4: *Beraterauswahlkriterien (Quelle: modifiziert nach MOHE 2003: S. 214 und MOHE/KOLBECK 2003: S. 13)*

Mit Blick auf die Ergebnisse der Studien in Abbildung 2-4 lässt sich feststellen, dass Reputation früher als das dominierende Auswahlkriterium galt und möglicherweise als „Ersatzcode für die Beratungsqualität" (MOHE 2003: S. 214) diente. Zu diesem Resultat kommen auch CLARK (1995: S. 74) und KOLBECK (2001: S. 11). Betrachtet man jedoch die Befunde der jüngeren Studien, erweckt dies den Anschein, dass Reputation als Auswahlkriterium ausgedient hat. Offenbar lassen sich die Klienten neuerdings nicht mehr so stark durch die Reputation von Unternehmensberatungen beeindrucken. Dies

---

[60] Vgl. BAKER/FAULKNER (1991: S. 36 ff.).

[61] Für zwei unterschiedliche Phasenmodelle zur Auswahl von Beratern sei verwiesen auf HAFNER/REINEKE (1992: S. 55) und KOHR (2000: S. 84).

kann unter anderem damit zusammenhängen, dass immer mehr gescheiterte Beratungsprojekte an die Öffentlichkeit geraten (sind),[62] und viele renommierte Beratungsfirmen deshalb Einbußen bei ihrer Reputation in Kauf nehmen mussten.[63] Man sollte diese Erkenntnis jedoch mit etwas Vorsicht genießen. Jeder dieser Studien liegen andere Annahmen zugrunde, und sie unterscheiden sich in ihrem experimentellen Aufbau und Vorgehen. Daher ist ein Vergleich nur bedingt möglich. Man könnte die dargestellte Entwicklung jedoch als Anzeichen interpretieren, dass die Klienten beginnen, sich mit der Thematik der Klientenprofessionalisierung auseinanderzusetzen.

Als letzte Variante der Konsultationsexpertise wird hier mit der *Nutzung externer Konsultationsexpertise* abgeschlossen. Will man als Klient externe Konsultationsexpertise in Anspruch nehmen, besteht die Möglichkeit, auf Vermittler bzw. Intermediäre zurückzugreifen. Nach KIPPING (1996: S. 2) sind Intermediäre „institutions which are not involved directly in the transaction, but shape the exchange in a number of ways".

Man unterscheidet folgende Arten von Intermediären:[64]

- Intermediäre vom Typ 1 gelten als Vermittler, die die Beratungsbeziehung einleiten können und die Entwicklung der Beraterbranche begünstigen. Weiter differenziert betrachtet, kann man hier unterteilen in Organisationen, die einem Verband mit Vereinsstruktur ähneln (Intermediäre vom Typ 1a), und Unternehmen, die ein eigenes privatwirtschaftliches Interesse anmelden (Intermediäre vom Typ 1b).

- Intermediäre vom Typ 2 verstehen sich als Alternative zu Beratungsanbietern. Somit können sie eine substituierende Wirkung haben und Beratungsanbieter unter Umständen in Nischen für spezialisierte Beratungsleistungen abdrängen.

Folgende Abbildung 2-5 gibt einen Überblick über die genannten Intermediärtypen und nennt zur besseren Verdeutlichung Beispiele.

---

[62] Vgl. für einige Beispiele BYRNE (2002: S. 54 ff.).
[63] Vgl. auch MOHE/KOLBECK (2003: S. 12).
[64] Vgl. MOHE/PFRIEM (2002: S. 33 ff.).

Intermediärtyp		Merkmale/Auftreten	Beispiel
Typ 1	Typ 1a	Zusammenführung von Beratungsanbieter und -nachfragern	Bundesverband Deutscher Unternehmensberater (BDU)
	Typ 1b	Privatwirtschaftliche Anbieter, die eine Optimierung des Matching-Prozesses zwischen Beratungsanbieter und –nachfrager versprechen	Agivera AG, Cardea AG
Typ 2		Eigenes Interesse an der Übernahme eines konkreten Beratungsauftrages	Rationalisierungskuratorium der Deutschen Wirtschaft

Abb. 2-5:   Intermediärtypen (Quelle: eigene)

Will man interne Beratungsexpertise aufbauen, die Beratungsleistungen also gewissermaßen in Eigenregie erbringen, so spricht man von „interner Unternehmensberatung" oder neudeutsch vom „Inhouse Consulting". Hierum soll es nachfolgend gehen.

Beratungsexpertise

Fragt man sich, woher eigentlich das Inhouse Consulting kommt, bzw. aus welchen internen Bereichen eines Unternehmens es hervorgehen kann, liefert BLUNCK (1983: S. 50) im Rahmen einer empirischen Untersuchung folgende vier Bereiche:

- Führungssysteme, Strategie, Planung, Marketing;

- Organisationsentwicklung, Aufbau- und Ablauforganisation, EDV;

- Controlling, Finanz- und Rechnungswesen, Revision, Audit;

- Management Development, Personal, Ausbildung.

MOHE (2002: S. 323) schlägt als weitere Bereiche das betriebliche Vorschlagswesen bzw. das Ideenmanagement und jüngere Ausprägungen des unternehmensinternen Wissensmanagements aufgrund ihres hohen Verwandtschaftsgrades vor.[65]

Eine umfassende Typologisierung des Inhouse Consultings existiert in der Literatur ausschließlich bei MOHE (2003: S. 227 ff.). Diese erfolgt wiederum anhand einer morphologischen Analyse und soll hier in gebotener Kürze dargestellt werden.

Es werden acht[66] Merkmale unterschieden: Gründungsform, organisatorische Einbindung, Organisationsgrad, Verrechnungsform, Klienten, regionale Ausdehnung,

---

[65]   Für die Darstellung der geschichtlichen Entwicklung des Inhouse Consultings sei verwiesen auf MOHE (2002: S. 320 ff.).

Beratungsansätze und marktliche Ausrichtung. Anhang C fasst die genannten Merkmale mit ihren Ausprägungen zusammen und beschreibt diese. Direkt im Anschluss daran (Anhang D) befindet sich der vollständige morphologische Kasten.

Durch die Darstellung des Morphologischen Kastens können folgende Erkenntnisse abgeleitet werden:

- Bestimmung einer Vielzahl von theoretisch möglichen Kombinationen interner Unternehmensberatungen;[67]

- übersichtliche und verständliche Erfassung des weiten Spektrums existierender interner Beratungen;

- anwendbar für die Durchführung von Querschnittstudien zum Vergleich bestehender interner Beratungen in der Praxis;

- anwendbar für die Durchführung von Längsschnittsstudien bei Erweiterung um eine dynamische Dimension, wodurch die Verfolgung der Evolution einer internen Unternehmensberatung im Zeitverlauf möglich ist;

- Instrument für den Aufbau bzw. Änderung von internen Beratungen.

Als letzte Strategie der expertenorientierten Klientenprofessionalisierung wird die Steuerungsexpertise behandelt.

Steuerungsexpertise

Betrachtet man die Steuerungsexpertise (Steuerung im Zusammenhang mit Beratung), findet man auch hierzu keine umfassende Bearbeitung in der Literatur. Bevor näher auf die Steuerungsexpertise eingegangen wird, soll zunächst überblickartig dargestellt werden, was man eigentlich unter Steuerung versteht.

Steuerung ist nur dann möglich, wenn Planung und eine sich darauf beziehende Kontrolle vorhanden ist und wird gemäß SCHWEITZER (1997: S. 26) definiert „als ein

---

[66] Eigentlich unterscheidet MOHE neun Merkmale. Hier wird jedoch das Merkmal „Größe", gemessen an der Anzahl der Mitarbeiter, nicht berücksichtigt, da erstens diesbezüglich widersprüchliche Aussagen in der Literatur vorherrschen, vgl. z.B. ALLANSON (1985, S. 53), BLUNCK (1983: S. 203), GRASS/EBEL (2000: S. 43). Und zweitens ist das Merkmal „Größe" sehr variabel. So kann eine interne Unternehmensberatung Mitarbeiter innerhalb kurzer Zeit relativ einfach aufstocken oder entlassen.

[67] Für zwei exemplarische Beispiele von interner Beratung in der Praxis sei verwiesen auf KLEIN (2002a: S. 357 ff.) und WURPS/MISONE CRISPINO (2002: 344 ff.).

geordneter, informationsverarbeitender Prozeß zielführender Eingriffe (Anpassungsmaßnahmen) in die Planungsrealisation." Darauf aufbauend lässt sich Kontrolle definieren als

> „ein geordneter, laufender, informationsverarbeitender Prozeß zur Ermittlung und Analyse von Abweichungen zwischen Plangrößen (Prognose- oder Vorgabegrößen) und Vergleichsgrößen." (SCHWEITZER 1997: S. 99)[68]

Als Basiskonzept für Steuerung im Zusammenhang mit Beratung dient das von KLEIN (2002a: S. 371 ff., 2002b: S. 184 ff.) vorgestellte Beratungsclearing. KLEIN diskutiert am Beispiel der DaimlerChrysler AG vier Optionen zur Zukunft interner Beratung und kommt unter anderem auf das Beratungsclearing zu sprechen. Leitidee dieses Beratungsclearings ist „das Management beziehungsweise die Steuerung von Beratung" (KLEIN 2002a: S. 371). Es geht um eine zentrale Koordinationsstelle innerhalb des Klientenunternehmens, die als Dienstleister interne Projektleiter in Fragen der Organisation von Beratungsprojekten unterstützt (vgl. MOHE 2005b: S. 218).

---

[68] Der interessierte Leser sei für eine ausführliche Darstellung der Thematik Steuerung und Kontrolle verwiesen auf SCHREYÖGG/STEINMANN (1985: S. 391 ff.), SCHWEITZER (1997: S. 21 ff.), WALL (1999: S. 22 ff.), KLEIN (2002b: S. 191 ff.) und für Steuerung und Regelung im kybernetischen Regelkreis auf KIRSCH (2001: S. 30 ff.).

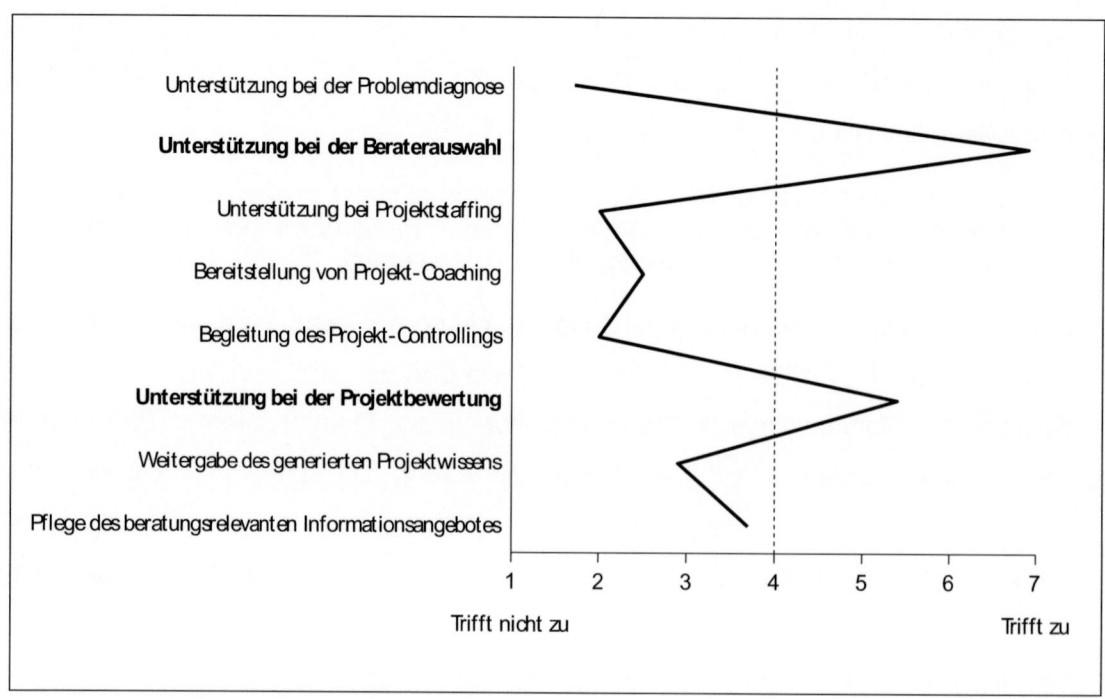

Abb. 2-6: *Leistungsprofil zentraler Koordinationsstellen für Beratung (Quelle: modifiziert nach MOHE/KOHLBECK 2003: S. 28)*

In der Studie von MOHE/KOLBECK (2003: S. 27 ff.) zur Klientenprofessionalisierung in der Bundesrepublik Deutschland wurde unter anderem festgestellt, dass zentrale Koordinationsstellen für Beratung noch nicht durchweg eingerichtet sind. Die Hälfte der befragten Unternehmen besitzt diese nicht. Außerdem konnte in Erfahrung gebracht werden, dass das Leistungsspektrum der bereits existierenden Koordinationsstellen sehr heterogen ist (siehe Abbildung 2-6). Die zentralen Koordinationsstellen leisten vor allem am Anfang (bei der Beraterauswahl) und am Ende des Beratungsprozesses (bei der Projektbewertung) Beistand.

Sinn und Zweck der zentralen Koordinationsstellen ist unter anderem die strenge Handhabung der Beraterauswahl und verschiedene Monitoring- und Steuerungsaktivitäten. Es sollen vor allem Einsparungspotenziale und Kostenvorteile realisiert werden, um die Beratungseffizienz letztendlich zu steigern. Hierbei geht es um die Koordination und Steuerung von sowohl interner als auch externer Beratung. Das Aufgabenspektrum des zentralen Beratungsclearings umfasst die Bedarfserfassung, die Projektierung, den Einkauf, das Controlling und die Qualitätssicherung der Beratung. Daneben kann das Beratungsclearing auch Beiträge zum Wissensmanagement erbringen. Summa Summarum können folgende drei Leistungsfelder des zentralen

Beratungsclearings eruiert werden, die geschäftsbereichübergreifend Anwendung finden:

- Steuerung von Beratung,

- Koordination von Beratung und

- Beiträge zum unternehmensinternen Wissensmanagement.

Ein Blick in die Praxis zeigt, dass es bei einigen Konzernen beispielsweise schon verbindliche Organisationsregeln für den Beratereinkauf oder ganze Beraterdatenbanken gibt, die die interne Beratungslandschaft mit Hilfe von Systematisierungen anhand des Projektvolumens und/oder den Projektthemen verständlich gestalten sollen.[69] Wird darüber hinaus auch noch eine Bewertung für die Beraterperformance abgegeben, ist es möglich, interne Rankings über verschiedene Unternehmensberatungen auszuarbeiten. Weitere Beispiele der Steuerungsexpertise sind Beratungshandbücher, die als Richtlinie für den Beratungsprozess dienen können oder Consultant's Scorecards,[70] mit denen man Beratung steuern und den Nutzen bewerten kann.[71]

Zusammenfassend kann festgehalten werden, dass im Rahmen der expertenorientierten Klientenprofessionalisierung drei verschiedene Strategien dargestellt wurden: die Konsultationsexpertise, die Beratungsexpertise und die Steuerungsexpertise.

---

[69] Vgl. KÜRTEN (1998), der die Koordination von Unternehmensberatung bei der Mannesmann AG (inzwischen Vodafon) beschreibt.
[70] Vgl. zur Consultant's Scorecard PHILLIPS (2000) und HORVÁTH/KRALJ (2003: S. 75 ff.).
[71] Vgl. auch MOHE (2005a: S. 312 ff.).

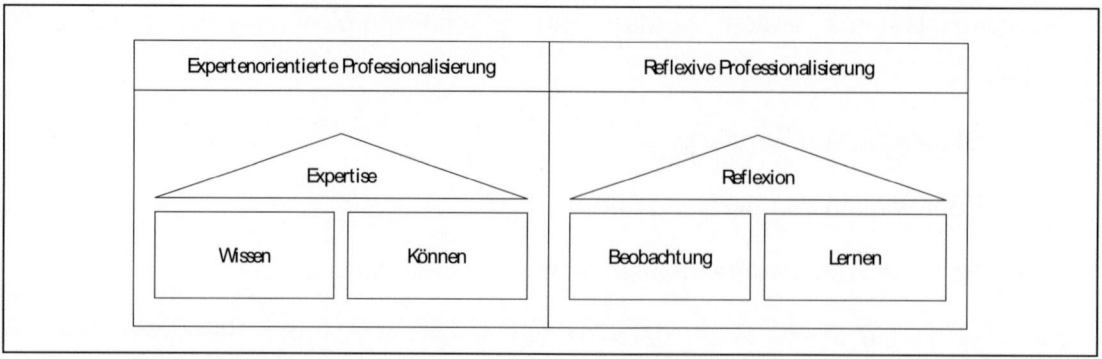

Abb. 2-7: *Gegenüberstellung expertenorientierter und reflexiver Professionalisierung (Quelle: MOHE 2003: S. 341)*

Im Gegensatz zur expertenorientierten Klientenprofessionalisierung, bei der Wissen und Können als Basis dient, geht die reflexive Klientenprofessionalisierung von Reflexion als zentrales Merkmal aus (vgl. Abbildung 2-7).

2.2.2 Reflexive Klientenprofessionalisierung

Nach MOHE (2003: S. 340) ist Kennzeichen einer reflexiven Klientenprofessionalisierung, „dass klientenseitige Reflexionsleistungen in Bezug auf sich selbst und in Bezug auf Beratungsstrukturen stattfinden und handlungswirksam werden."[72]

Es können drei substanzielle Orientierungslinien einer reflexiven Klientenprofessionalisierung ausgemacht werden (vgl. auch noch einmal den rechten Teil der Abbildung 2-2), die nachfolgend einzeln vorgestellt werden. Zu diesem Zweck wird zunächst jeweils ein kurzer allgemeiner Überblick über die entsprechende Strategie gegeben, um anschließend den Bezug zum Beratungskontext herzustellen.[73]

Von Beobachtung 1. Ordnung zu Beobachtung 2. Ordnung

Spricht man von Beobachtungen 1. und 2. Ordnung, befindet man sich Mitten in der Systemtheorie.[74] Bei der Beobachtung 1. Ordnung geht es darum, *was* man beobachtet. Die Beobachtung 2. Ordnung widmet sich hingegen der Beobachtung von

---

[72] Vgl. zur Reflexion als eine Form der Selbstreferenz LUHMANN (1994: S. 600 ff.), KIRSCH/RINGSLETTER (1995: S. 226 ff.) und KOHLBECK (2001: S. 84).

[73] Vgl. im Folgenden – falls nicht anders angegeben – MOHE (2003: S. 293 ff.).

[74] In der vorliegenden Arbeit wird die Systemtheorie nur äußerst spärlich betrachtet. Für zusammenfassende Überblicke vgl. z. B. KOHLBECK (2001: S. 74 ff.) und/oder LUHMANN/BAECKER (Hrsg., 2004).

Beobachtungen. Dabei wird dann unter anderem die Thematik des radikalen Konstruktivismus[75] relevant, und man fragt, *wie* beobachtet wird und nicht was.[76] Bei der Beobachtung 2. Ordnung werden insbesondere Unterscheidungen relevant, d. h. als Beobachter von Beobachtern muss man darauf achten, welche Unterscheidungen die Beobachter 1. Ordnung verwenden. Doch welchen Mehrwert bringt die Beobachtung 2. Ordnung eigentlich? „Die Beobachtung zweiter Ordnung gibt [...] noch keine bessere Übersicht, geschweige denn besser begründetes oder sicheres Wissen" (LUHMANN 1998: S. 110), sondern durch die Beobachtung 2. Ordnung wird die Möglichkeit eröffnet, blinde Flecken des Beobachters 1. Ordnung zu identifizieren.

> „Ein System kann nur sehen, was es sehen kann. Es kann nicht sehen, was es nicht sehen kann. Es kann auch nicht sehen, daß es nicht sehen kann, was es nicht sehen kann." (LUHMANN: 1998: S. 89)

Durch die direkte Beobachtung 1. Ordnung werden diese blinden Flecken immer mitgeführt, und es wird nie auffallen, dass es sie überhaupt gibt. Erst durch die Beobachtung 2. Ordnung besteht die Möglichkeit, die blinden Flecken zu beobachten und zu beschreiben.[77] Man sollte jedoch bedenken, dass letztlich Beobachtungen 2. Ordnung auch Beobachtungen 1. Ordnung sind, und somit genau dasselbe auch für diese gilt. Dies bedeutet, dass genauso wie Beobachtungen 1. Ordnung auch Beobachtungen 2. Ordnung blinde Flecken aufweisen. Anders gesagt:

> „Jeder blinde Fleck kann nur mit Hilfe einer Beobachtung beobachtet werden, von der man, was immer man zu sehen bekommt, schon mit Sicherheit weiß: Sie hat ihren eigenen blinden Fleck." (BAECKER 1993: S. 60)

Wendet man die vorhergehenden Überlegungen auf den Kontext von Beratung an, ergeben sich folgende Implikationen:

Zunächst stellt sich die einfach zu klärende Frage, sind Berater Beobachter 1. oder 2. Ordnung? Mit WILLKE lässt sich diese Frage eindeutig zugunsten Letzterem beantworten:

---

[75] Vgl. zum Konstruktivismus etwa die Herausgeberbände von SCHMIDT (1987 und 1992).
[76] Vgl. LUHMANN (1998: S. 95).
[77] Vgl. LUHMANN (1998: S. 89).

„Die Berechtigung für Berater(innen), überhaupt in eine Organisation einzudringen, liegt nicht darin, daß sie es besser wissen oder können. Sie liegt ausschließlich darin, daß sie etwas anderes sehen (beobachten) als die Organisation und ihre Verantwortlichen." WILLKE (1994: S. 205)

Dies soll jedoch nicht bedeuten, dass Berater lediglich Beobachtungen zweiter Ordnung machen. Abgesehen davon, sind letztlich Beobachtungen zweiter Ordnung auch „nur" Beobachtungen erster Ordnung.

Schwieriger wird es, wenn man dieselbe Frage auf die Klienten bezieht. Hier existieren in der Literatur widersprüchliche Aussagen. So kommen KÖNIGSWIESER/EXNER (1999: S. 24) zu der Erkenntnis, dass „Berater [..] Beobachter zweiter Ordnung [sind; M. B.] – im Gegensatz zu Mitarbeitern des Unternehmens, die Beobachter erster Ordnung sind." NICOLAI (2000: S. 307) macht demgegenüber die Feststellung, dass sich ein professioneller Umgang mit Beratung durch Klienten dadurch auszeichnet, dass auch sie lernen, mit Beobachtungen 2. Ordnung umzugehen und so der Beratung gegenüberstehen können.

Wie oben schon festgestellt wurde, liegt der Mehrwert der Beobachtung 2. Ordnung darin, zu beobachten, „wie das zu intervenierende System beobachtet, wie der intervenierende Beobachter beobachtet und was die Beobachtungen des einen mit denen des anderen zu tun haben" (WILLKE 1994: S. 21). Es gilt hierbei zu beachten, dass jegliche Beobachtungen von der Realitätskonstruktion ihrer Beobachter abhängig sind. Übertragen auf den Beraterkontext bedeutet dies:

„Vorsichtshalber kann man davon ausgehen, daß die Klientenwirklichkeit völlig verschieden von der Wirklichkeit der Berater ist. Klienten und Berater leben in ihren eigenen getrennten Welten. Ihre Weltbilder - ob sie von sich selbst oder der Umwelt erzählen - dienen in erster Linie ihrer Selbstorganisation. Begegnung in der Beratung stellt also zunächst nicht Gemeinschaft in einer gemeinsamen Wirklichkeit dar. Die Klientenwirklichkeit wird in erster Linie mit der Selbstorganisation des Klientensystems in Zusammenhang gebracht, die Beraterwirklichkeit mit der Selbstorganisation des Beratersystems. Professionelle Handlungen werden als Ausdruck von und Bezugspunkt für Wirklichkeit und Selbstorganisation der beteiligten Systeme verstanden." (SCHMID o. J.: S. 7)

Der unmittelbare Nutzen der Beobachtung 2. Ordnung soll hier an einem Beispiel verdeutlicht werden: Ein Klientenunternehmen beobachte – aus welchen Gründen auch immer – fortwährend ein und dasselbe Beratungsunternehmen. Mit Hilfe der Beobachtung 2. Ordnung kann das Klientenunternehmen nun seine Annahmen überdenken. Es kann herausfinden, wieso sich der Blick auf diese eine Beratungsfirma reduziert hat, und zugleich wird der Horizont auch für alternative Beratungsfirmen ausgeweitet.

Somit kann der Nutzen der Beobachtung 2. Ordnung darin gesehen werden, dass vor allem neue (Ein-)Sichten und Möglichkeitsräume wahrgenommen werden können.[78] Dieser Zugewinn der Beobachtung 2. Ordnung ist jedoch auch an folgende zwei Bedingungen geknüpft:

- Zunächst ist es wichtig, dass beim Klienten eine generelle Bereitschaft herrscht, das Gewohnte in Frage zu stellen.

- Außerdem muss eine Art vorausschauende Fähigkeit oder reflexive Orientierung vorhanden sein. D. h., man muss in der Lage sein, sich in die Rolle anderer Akteure zu versetzen und aus dieser Perspektive die eigene Rolle zu betrachten.[79]

Wie man gesehen hat, steht die Möglichkeit der Beobachtung 2. Ordnung nicht ausschließlich den Beratern zur Verfügung. Ebenso sind die Klienten in der Lage, Beobachtungen 2. Ordnung durchzuführen. Und gerade im Rahmen eines professionellen Umgangs mit Beratung ist dies empfehlenswert, da ein reflexiver Umgang mit Beratung angeregt wird.

---

[78] Vgl. auch FOERSTER (1985: S. 41).
[79] Vgl. TEUBNER/WILLKE (1984: S. 14).

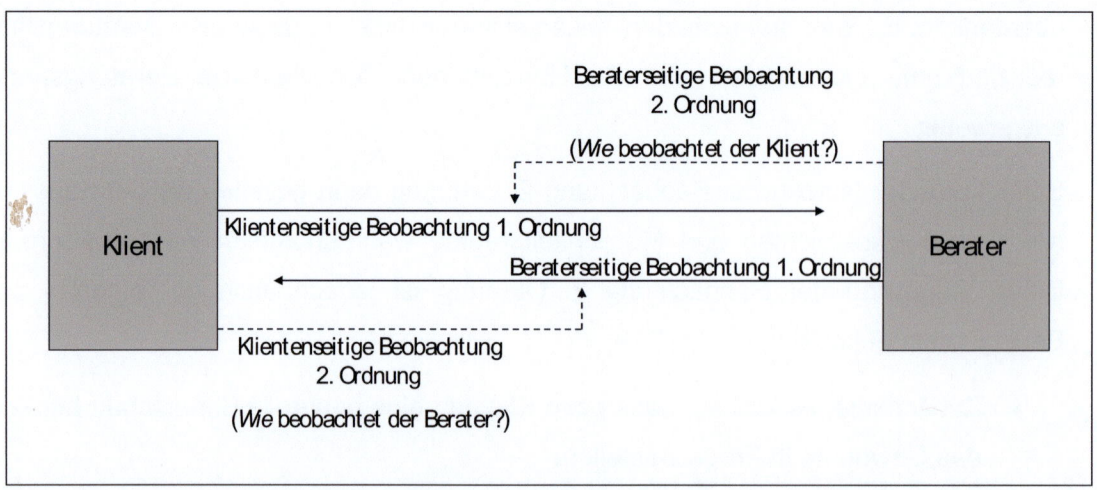

Abb. 2-8: Wechselspiel der Beobachtungen zwischen Klient und Berater (Quelle: MOHE 2003: S. 308)

Zusammenfassend kann festgehalten werden, dass Berater und Klienten sich wechselseitig beobachten und beiden die Möglichkeit der Beobachtung zweiter Ordnung zur Verfügung steht. In Abbildung 2-8 ist dies noch einmal grafisch dargestellt.

Vom einfachen zum reflexiven Lernen

Auch hier soll zunächst wieder ein allgemeiner theoretischer Überblick zum Thema Lernen gegeben werden, um im Anschluss daran die Brücke zum Beratungskontext zu schlagen.

In der Literatur werden drei verschiedene Lernarten unterschieden:[80]

- Das Anpassungslernen (auch Single-loop learning oder einfaches Lernen) wird beschrieben als die effektive Adaption an vorgegebene Ziele durch Bewältigung von Umwelteinflüssen. Es wird auf interne und/oder externe Umwelteinflüsse reagiert, indem Abweichungen so korrigiert werden, dass man sich (wieder) im Einklang mit bestehenden Normen befindet. Die Handlungstheorien werden nicht angezweifelt, ebenso bleiben die zugrunde liegenden Werte und Normen unverändert. Abweichende Ergebnisse führen zu Korrekturen der Handlungen, nicht aber der Ziele. Als Beispiel nennt ARGYRIS (1977: S. 116) ein Thermostat „that learns when it is too hot or too cold and then turns the heat on or off."

---

[80] Vgl. ausführlich hierzu ARGYRIS/SCHÖN (1978: S. 18 ff., 1999: S. 34 ff.) und BATESON (1983: S. 325 ff.).

- Beim so genannten Veränderungslernen (auch Double-loop learning) werden auch Ziele, Normen und Werte hinterfragt, neue Prioritäten vergeben oder sogar Werte verändert. Wird festgestellt, dass die vorausgesetzten Werte und Normen nicht mehr zu den vorliegenden Gegebenheiten passen, werden die Handlungstheorien durch neue ersetzt.

- Das Prozesslernen (auch Deutero-learning) steht für die höchste Lernstufe und es werden Lernerfolge, Lernmisserfolge, Lernkontexte und Lernerfahrungen in den Mittelpunkt gerückt. Ziel ist es, „lernen zu lernen" bzw. zu „lernen, Signale empfangen zu lernen" (BATESON 1983: S. 327).

Reflexives Lernen liegt nun vor, wenn sowohl die Lernart des Prozesslernens als auch des Veränderungslernens aktiviert werden kann.[81] Bei diesen beiden Lernarten wird vorausgesetzt, dass bestehende Orientierungen abgeändert werden, damit Aufnahmebereitschaft für Neues geschaffen wird.

Da Lernen auch immer mit Wissenstransfer in Verbindung steht, und weiter unten verschiedene Lernmodelle der Unternehmensberatung vorgestellt werden, soll nachfolgend das vorliegende Verständnis des Wissenstransfers kurz dargestellt werden. KIRSCH (2001: S. 371) spricht von der „koevolutionären Wissensgenese", die sich anhand von drei Eskalationsstufen erläutern lässt.[82]

Auf der ersten Eskalationsstufe wird zwischen Wissensproduzent und Wissensrezipient unterschieden. Es findet ein unidirektionaler Wissenstransfer statt, was bedeutet, dass das vom Wissensproduzent produzierte Wissen beim Rezipienten mehr oder minder „blaupausenartig" Anwendung findet. Die unterschiedlichen Kontexte von Produzent und Rezipient bleiben dabei unberücksichtigt.

Die zweite Eskalationsstufe zeichnet sich dadurch aus, dass „Prozesse des Wissenstransfers bzw. der Anwendung von Wissen unter Berücksichtung der spezifischen Kontexte der unterschiedlichen Beobachter" (KIRSCH 2001: S. 371)

---

[81] Vgl. SOMMERLATTE (2000: S. 33 ff.) und SCHRÄDLER (1996: 227 f.).

[82] Vgl. hierzu und im Folgenden KIRSCH (2001: S. 371 ff., 537 f.). Es sei angemerkt, dass die koevolutionäre Wissensgenese ein Teil von der von KIRSCH entwickelten „Ökologie des Wissens" ist, mit der er eine spezifische, relativ umfassende organisationstheoretische Sichtweise vertritt, vgl. z. B. KIRSCH (2001: S. 358 ff.).

thematisiert werden. Hier findet also eine Berücksichtigung der unterschiedlichen Kontexte statt, indem Wissen grundsätzlich kontextspezifisch verarbeitet wird. So gesehen erfährt Wissen hier eine Art Verwandlung oder Transformation und wird dann meist anders als ursprünglich vorgesehen angewandt – was in diesem Zusammenhang jedoch nicht „falsch" bedeuten soll.

Die dritte Eskalationsstufe entspricht letztlich der *koevolutionären Wissensgenese*:

> „Hinter diesem Konstrukt verbirgt sich ein ganz spezifisches „Wissensbild"
> […]. Wissen wird nicht (wie in einem positivistischen Verständnis) als
> ikonisches Abbild einer objektiven „äußeren" Wirklichkeit betrachtet, sondern
> vielmehr als kontextspezifische Konstruktion der Wirklichkeit. Basierend auf
> der radikal konstruktivistischen Vorstellung, dass Wirklichkeit nicht *ge*-
> funden, sonder *er*-funden wird, kommt darin zum Ausdruck, dass man fähig
> ist, in einer sozialen Situation adäquat zu handeln. In dem Maße, wie dies
> erfolgreich gelingt, hat sich das Wissen bzw. die Wirklichkeitskonstruktion als
> variabel bzw. passend erwiesen." (KIRSCH 2001: S. 372, Hervorhebungen im
> Original)

Der koevolutionären Wissensgenese zufolge wird Wissen stets als neues Wissen (re-) produziert und kann nicht in unterschiedlichen Kontexten identisch wiedergegeben werden. Anders gesagt, Wissen wiederholt sich nicht identisch, sondern reproduziert sich „verschiebend" bzw. different. Sowohl auf Berater- als auch auf Klientenseite erfolgt im Zuge des Wissenstransfers eine Art koevolutionäre Wissensgenese. Man kann sich diese als einen nie endenden Kreislauf von Produktion, Kommunikation und Verwendung von Wissen vorstellen.

Wie schon teilweise geschehen, soll nun wieder der Bezug zum Beratungskontext hergestellt werden.[83]

Die zwei bekanntesten Lernmodelle in der Unternehmensberatung sind wohl das Injektionsmodell und das Bestätigungsmodell. Das Injektionsmodell entspricht dem klassischen Lehrer-Schüler-Verhältnis[84]. Initiator und Quelle des Lernens ist der Berater. Der Klient lernt, was der Berater initiiert. Dies entspricht im Grunde dem Anpassungslernen. Höherwertige Lernprozesse werden dadurch jedoch nicht erreicht. Das man hierbei jedoch berücksichtigen muss, dass Wissen immer als neues Wissen

---

[83] Vgl. im Folgenden MOHE (2003: S. 315 ff.).
[84] Vgl. z. B. SOMMERLATTE (2000: S. 114).

(re-)produziert wird und nicht in unterschiedlichen Kontexten identisch reproduziert werden kann, bleibt oft unberücksichtigt.[85] Ebenso wie die Tatsache, dass nicht nur Berater Quelle des Lernens sind, sondern dies auch umgekehrt Gültigkeit hat: Ein Berater schöpft einen Großteil seines Wissens von seinen Klienten.[86] Dies erkennt man schon allein daran, dass die meisten Unternehmensberatungen gemäß dem Prinzip „learning on the job" Absolventen einarbeiten. Die beste Lernquelle scheint der Klient selber zu sein. Ein qualifizierter Berater gilt unter anderem deshalb als qualifiziert, weil er an vielen, unterschiedlichen Projekten teilgenommen hat und somit unterschiedlichste Erfahrungen mit Klienten und deren Problemen sammeln konnte. Dementsprechend sollte man von einem „zweigleisigen Lernprozess" sprechen und dem klassischen Lehrer-Schüler-Verhältnis nur eingeschränkt Gültigkeit zusprechen.

Beim Bestätigungsmodell geht es darum, wie sich vermuten lässt, durch Bestätigung zu lernen. Genau genommen wird hier nicht viel verändert, die Berater bekräftigen lediglich die ohnehin schon vorhandenen „theories in use" (ARGYRIS 1993: S. 152). Hinter diesem „Gentleman's Agreement" verbirgt sich die Tatsache, dass Ratschläge, die das bisherige Verhalten der Klienten nicht in Frage stellen, grundsätzlich eher angenommen werden, als solche, die dies nicht tun. Höherwertige Lernprozesse werden auch hier nicht erreicht, sondern sogar verhindert.[87] Der Hauptzweck besteht wohl eher darin, Folgeaufträge zu sichern.[88]

Unter Berücksichtigung des Vorangegangenen lassen sich folgende Möglichkeiten einer Klientenprofessionalisierung im Rahmen der Thematik des Lernens herausarbeiten:

- Es sollte nicht von einem einseitigen Lehrer-Schüler-Verhältnis zwischen Berater und Klient ausgegangen werden. Der Klient dient dem Berater genauso als Wissensquelle wie umgekehrt und dies ganz im Sinne der koevolutionären Wissensgenese. Daher sollte man von einem zweiseitigen Lernprozess sprechen. Berücksichtigt dies der Klient, kann er emanzipierter auftreten, indem

---

[85] Vgl. hierzu die eben gemachten Ausführungen zur koevolutionären Wissensgenese.
[86] Vgl. hierzu auch WILLKE (1998: S. 123).
[87] Vgl. ARGYRIS (2000: S. 5).
[88] Vgl. auch ARMBRÜSTER/KIESER (2001: S. 692).

er z. B. ein ausgewogenes Junior-Seniorberater-Verhältnis verlangt.[89] Denkbar ist auch, dass Klienten die Berater danach fragen, was sie durch das Projekt lernen. Zu hohe Erwartungen würden auf einen unerfahrenen Juniorberater hindeuten, zu niedrige auf die Gefahr, dass Standardlösungen verkauft werden könnten.[90]

- Will ein Klient erreichen, dass nicht nur Prozesse des Anpassungslernens, sondern auch des Veränderungslernens aktiviert werden, empfiehlt es sich für ihn, möglichst lernoffen[91] zu sein. Dies bedeutet, dass er Möglichkeiten zur Aufnahme und Evaluation von Signalen der Berater schaffen sollte. So kann man beispielsweise bei der Beraterauswahl anstatt der konventionellen Angebotspräsentation auf einen Orientierungsworkshop zurückgreifen, um zu erfahren, wie die Berater untereinander und mit den Mitarbeitern interagieren.[92]

- Ein weiterer Ansatzpunkt besteht darin, auf die „theories in use" näher einzugehen. Dienen Empfehlungen der Berater lediglich zur Bestätigung der vorhandenen „theories in use" bedeutet dies zwar, dass der Klient weiter „wirtschaften kann wie gehabt", verändert wird dadurch jedoch nichts. Auch höherwertige Lernprozesse werden nicht angeregt. Daher stellt sich die Frage, ob die Beratung überhaupt nötig gewesen wäre. Optimalerweise sollten Manager demnach ihre „theories in use" nicht nur in der Beratung, sondern auch über Beratung regelmäßig reflektieren.

Mit MOHE (2003: S. 319 ff.) lassen sich unter Rekurs eben gemachten Erläuterungen zwei weitere Lernmodelle der Beratung ermitteln, die im Idealfall korrespondieren: das Veränderungsmodell und das Reflexionsmodell.

- Beim Veränderungsmodell geht es um Lernen *durch* Beratung, wobei folgende Annahmen erfüllt sein müssen: Zunächst müssen es die Berater mittels offenen

---

[89] Vgl. auch RICHTER (2005: S. 278 ff.).
[90] Vgl. MOHE (2003: S. 317 f.).
[91] Vgl. PFRIEM (1995: S. 226).
[92] Auch umfassendere Maßnahmen wären hier denkbar, die z. B. an der Unternehmensstruktur und/oder der Einstellung der Mitarbeiter des Klientenunternehmens ansetzen, und diese so gestalten, dass eine größtmögliche Lernoffenheit garantiert ist.

Diskurs zustande bringen, die „theories in use" der Klienten infrage zu stellen bzw. zu irritieren, um dadurch Lernprozesse anzustoßen. Dies ist allerdings nur fruchtbar, wenn die Klienten offen für Lernprozesse sind. Sind diese Vorrausetzungen erfüllt, besteht die Möglichkeit des reflexiven Lernens und damit der Umstrukturierung der „theories in use". Passende Fragestellungen, die dies unterstützen, sind z. B.: Was soll gelernt werden, wie laufen Lernprozesse im Unternehmen ab oder wodurch werden Lernprozesse verhindert?

- Das Reflexionsmodell widmet sich dem Lernen *über* Beratung. Hier werden Fähigkeiten der Selbstbeobachtung und Selbstreflexion sowie ein Verständnis der Lernchancen der Beratung vorausgesetzt. Dadurch ist es dem Klient möglich, über seine Rolle in der Beratung nachzudenken. Dies schließt idealerweise auch Reflexionen über die eigenen Professionalisierungsstrategien im Umgang mit Beratung ein. Darauf aufbauend kann der Klient lernen, diese infrage zu stellen und gegebenenfalls abzuändern. Außerdem können überhöhte oder zu bescheidene Erwartungen erkannt und angepasst werden. Denkbare Fragestellungen, die sich der Klient im Rahmen des Reflexionsmodells stellen kann, sind etwa: Welche Lernchancen werden ihm durch die Beratung geboten? Was hat er aus den vorangegangenen Projekten gelernt?

Bevor die letzte reflexive Professionalisierungsstrategie – die dezentrale Kontextsteuerung – einer näheren Betrachtung unterworfen wird, fasst Abbildung 2-9 alle eben erläuterten Lernmodelle der Unternehmensberatung zusammen.

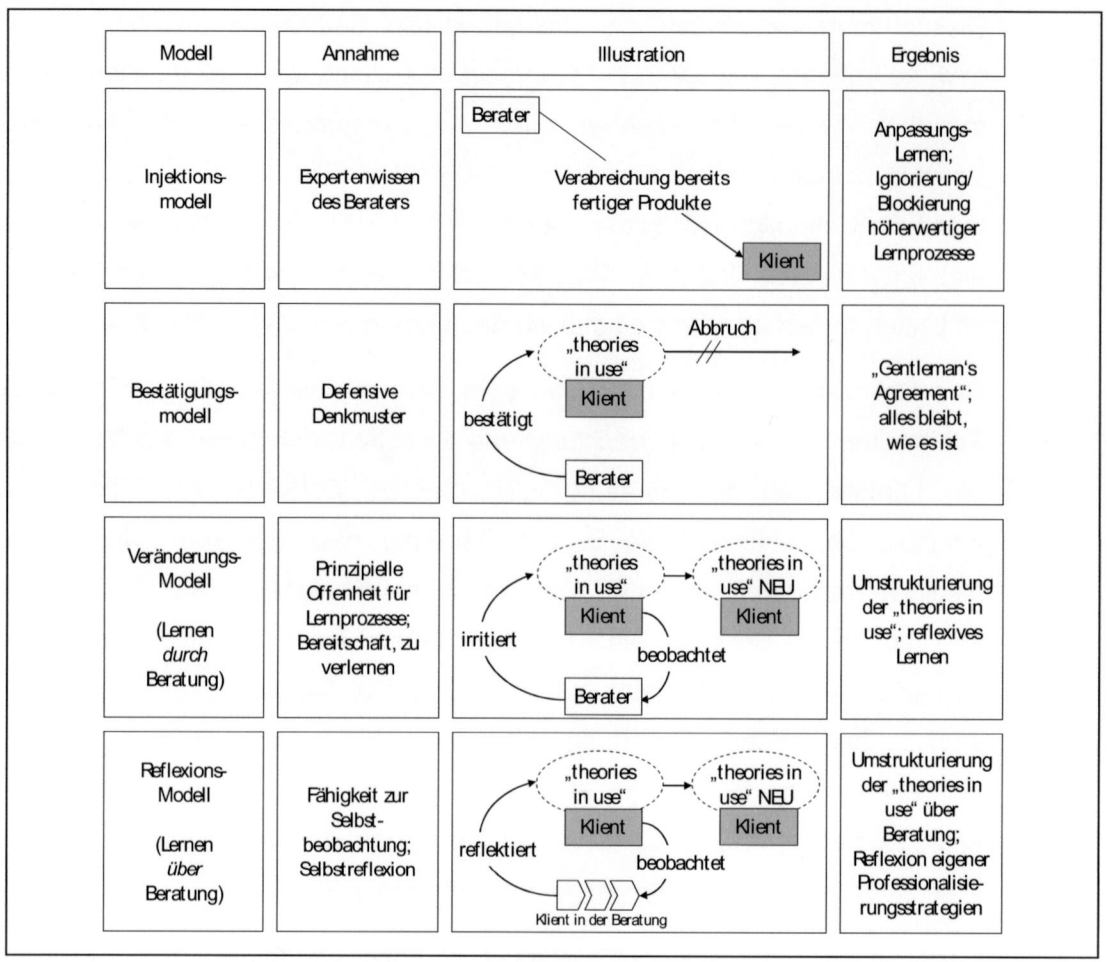

Modell	Annahme	Illustration	Ergebnis
Injektions-modell	Expertenwissen des Beraters	Berater — Verabreichung bereits fertiger Produkte → Klient	Anpassungs-Lernen; Ignorierung/ Blockierung höherwertiger Lernprozesse
Bestätigungs-modell	Defensive Denkmuster	„theories in use" Klient — Abbruch //→; bestätigt; Berater	„Gentleman's Agreement"; alles bleibt, wie es ist
Veränderungs-Modell (Lernen *durch* Beratung)	Prinzipielle Offenheit für Lernprozesse; Bereitschaft, zu verlernen	„theories in use" Klient — „theories in use" NEU Klient; irritiert; beobachtet; Berater	Umstrukturierung der „theories in use"; reflexives Lernen
Reflexions-Modell (Lernen *über* Beratung)	Fähigkeit zur Selbst-beobachtung; Selbstreflexion	„theories in use" Klient — „theories in use" NEU Klient; reflektiert; beobachtet; Klient in der Beratung	Umstrukturierung der „theories in use" über Beratung; Reflexion eigener Professionalisie-rungsstrategien

Abb. 2-9:   Lernmodelle der Unternehmensberatung (Quelle: MOHE 2003: S. 321)

Es bleibt anzumerken, dass durch die dargestellten Lernmodelle nicht der Anspruch erhoben wird, jegliche Lernprozesse in Unternehmen darstellen zu können. So ist ein nicht unerheblicher Anteil des Lernens beispielsweise auf Intuition zurückzuführen und erfolgt implizit. Beispielsweise kann ein Berater einem Klient „auf den ersten Blick" sympathisch und kompetent erscheinen, eine Erklärung hierfür kann er jedoch nicht abgeben.[93]

---

[93]   Vgl. für weitere Funktionen von Intuition in der Beratung HÄNSEL (2002: S. 158 ff.) und HÄNSEL/ZEUCH/SCHWEITZER (2002: S. 43).

Von zentraler Steuerung zur dezentralen Kontextsteuerung

Betrachtet man das Thema Steuerung, können drei[94] grundsätzliche Positionen eruiert werden:[95] die Fremdsteuerung, die Selbststeuerung und die Kontextsteuerung.[96]

Die Fremdsteuerung kann mit der vom klassischen Mainstream der Betriebswirtschaft geschaffenen Vorstellung beschrieben werden, dass Unternehmen sich als Anpassungsoptimierer an extern vorgegebene Bedingungen verhalten. Den externen Faktoren wird hierbei eine große Bedeutung zugeschrieben, da sie auf das System Einfluss nehmen. Von Selbstreferenz der Systeme ist hier kaum die Rede.

Eine weitere Form der Steuerung beschreibt LUHMANN als Selbststeuerung eines Systems.[97] Hierbei gilt zunächst zu berücksichtigen, was LUHMANN unter Steuerung versteht: Nach LUHMANN handelt es sich bei Steuerung um Differenzminderung, um die Verringerung eines Unterschiedes.[98] Trotz der pessimistischen Haltung LUHMANN'S gegenüber Steuerung[99] hält er diese also nicht für ausgeschlossen oder sinnlos.[100] Weiter gilt zu bedenken, dass Programme zur Differenzminderung innerhalb des Systems ansetzen und nicht am System als Ganzes.[101] Im Übrigen – was nicht überraschend klingen dürfte – distanziert sich LUHMANN von der klassischen kybernetischen Steuerung intentionaler und zweckrationaler Eingriffe in bestehende Systeme[102] und beschreibt Steuerung – wie schon erwähnt – als Selbststeuerung eines Systems.[103] Zusammenfassend kann festgehalten werden, dass bei der Selbststeuerung den endogenen Faktoren eine hohe Relevanz zukommt, die Systeme sich selbst abgleichen und eine Einmischung nur begrenzt zulassen.[104]

---

[94] Der Vollständigkeit halber sei hier noch auf eine vierte Version verwiesen, nämlich die Option „Keine Steuerung" (vgl. NAUKJOS 1994: S. 115 und WILLKE 1994: S. 47). Da diese hier aber von unzulänglicher Relevanz ist, bleibt sie unbeachtet.

[95] Vgl. auch noch einmal die Steuerungsexpertise unter Kapitel 2.2.1.

[96] Vgl. zu Folgendem – falls nicht anders angegeben – MOHE (2003: S. 323 ff.).

[97] Vgl. LUHMANN (1988: S. 325).

[98] Vgl. LUHMANN (1988: S. 328 und S. 342).

[99] Vgl. LUHMANN (1988: S. 324 ff.).

[100] Vgl. LUHMANN (1989: S. 7).

[101] Vgl. LUHMANN (1988: S. 344 f.).

[102] Vgl. LUHMANN (1997: S. 68).

[103] Vgl. LUHMANN (1988: S. 325).

[104] Vgl. auch TEUBNER/WILLKE (1984: S. 12).

Die Kontextsteuerung geht auf TEUBNER/WILLKE (1984) und WILLKE (1984) zurück. Sie stellt den „Mittelweg zwischen einer naiven Veränderungseuphorie und einer resignativen Nichts-geht-mehr-Haltung" (GROTH 2001: S. 170) dar, und sowohl endogene als auch exogene Faktoren sind von großer Relevanz. Es kommt den Akteuren außerdem eine aktivere Rolle zu als bei der Selbststeuerung von LUHMANN. Sie können intentionale Interventionen im Sinne einer indirekten Steuerung der Kontextbedingungen vornehmen. Es herrscht eine „produktive Kombination von autonomer Selbstorganisation und [...] verbindlicher Kontextvorgaben" (TEUBNER/WILLKE 1984: S. 6). Darüber hinaus wird versucht, Selbstreferenz und Fremdreferenz der interagierenden Systeme zu verbinden.[105]

Im Rahmen der Kontextsteuerung können folgende weitere Unterformen ausgemacht werden: die residuale, die direktive und die dezentrale Kontextsteuerung. Bei der residualen Kontextsteuerung werden lediglich Rahmenbedingungen bereitgestellt, um die Systeme einer Selbstorganisation zu überlassen.[106] Die Gegenposition hierzu ist die direktive Kontextsteuerung. Hier will man das zu steuernde System direkt beeinflussen.[107] Die Mittelposition der dezentralen Kontextsteuerung steht für ein Mindestmaß an Weltsicht bzw. gemeinsamer Orientierung, das aber nicht von einer zentralen Einheit vorgegeben werden kann. Respektive müssen die Kontextbedingungen aus dem Diskurs der autonomen Teile gebildet werden.[108]

Abbildung 2-10 fasst die verschiedenen Positionen noch einmal zusammen und liefert eine Abgrenzung der verschiedenen Steuerungskonzepte, wobei anzumerken bleibt, dass die Grenzen hier fließend ineinander übergehen und nicht als Grenzen im wörtlichen Sinne zu verstehen sind.

---

[105] Vgl. NAUKJOS (1994: S. 116).
[106] Vgl. TEUBNER/WILLKE (1984: S. 32).
[107] Vgl. TEUBNER/WILLKE (1984: S. 32).
[108] Vgl. WILLKE (1993: S. 58, 1997: S. 142).

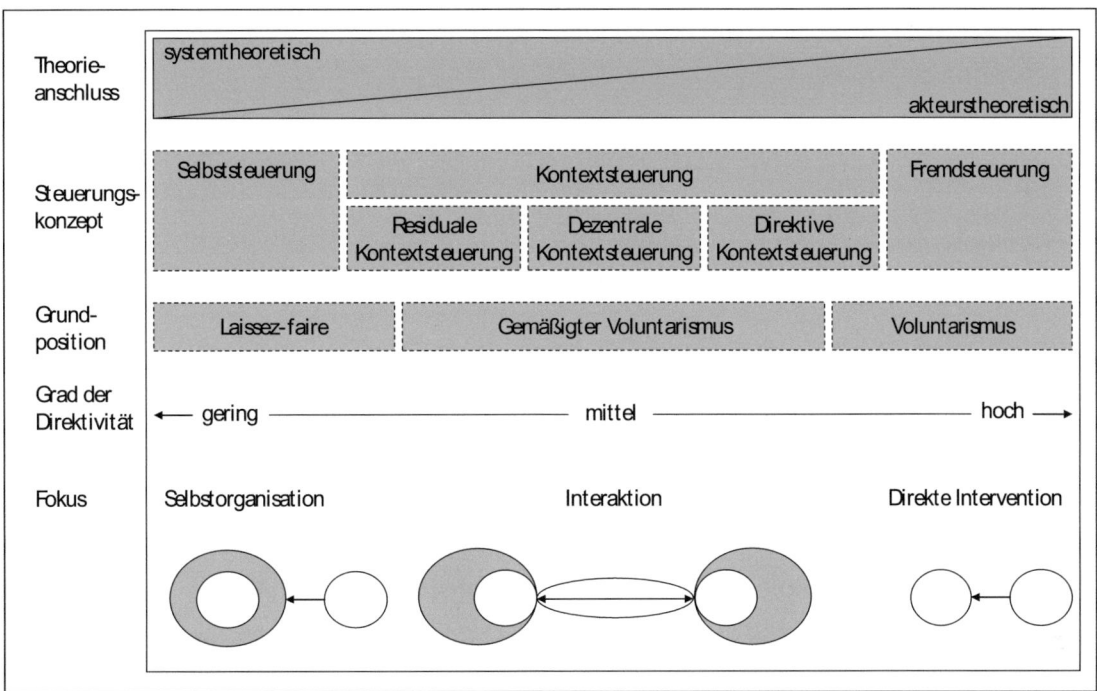

Abb. 2-10:   Steuerungskonzepte (Quelle: MOHE 2003: S. 329)

Überträgt man die vorangegangen Erkenntnisse auf den Beratungskontext, ist es sinnvoll, bei der Gestaltung von Interaktionskontexten anzusetzen. Diese können zunächst als „Black-Box" beschrieben werden,[109] was bedeutet, dass

> „die Interaktion zwischen zwei nicht-trivialen Systemen (z.B. zwischen Berater und Unternehmen) auf der Grundlage wechselseitiger Intransparenz anläuft. Keiner kann in das Innere, das Bewußtsein, die ‚Schaltzentrale', die innere Wirklichkeit des anderen schauen und beobachten, nach welchen Operationsregeln der andere arbeitet." (WILLKE 1992: S. 35)

Aus diesem Grund ist Kommunikation ein wichtiger kritischer Erfolgsfaktor. Damit Kommunikation gelingt, ist es wichtig, wie Berater- und Klientensystem miteinander „verkoppelt" sind. Man spricht auch von struktureller Kopplung, die das Verhältnis zwischen einem System und seiner Umwelt bzw. ausgewählten Beziehungen zwischen Systemen beschreibt. Eine essentielle Voraussetzung der professionellen Kopplung ist

---

[109] Vgl. auch WIMMER (1992: S. 86).

die Reflexion. Man muss in der Lage sein, sich selber und auch andere Systeme verstehen zu können.[110]

Wenn man differenziert nach extremer Nähe (Inklusion) und extremer Distanz (Exklusion), können drei Alternativen der Kopplung unterschieden werden (vgl. Abbildung 2-11).[111] Bei der Exklusion verhält sich das Klientensystem sehr distanziert. Beispielsweise beteiligt sich das Klientensystem gar nicht am Beratungsprozess, außer für Auftragserteilung und Endpräsentation fühlt es sich nicht verantwortlich. Das Klientensystem kann in diesem Fall mit Überraschungseffekten im Sinne von Irritationen rechnen. Davon ausgehen, dass für das „richtige" Problem die „richtige" Lösung gefunden wird, sollte es allerdings nicht. Die Inklusion stellt den gegenläufigen Zusammenhang dar. Hier mischt sich das Klientensystem ständig in das Beratersystem ein und kann so viele – auch verantwortungslose – Irritationen auslösen. Eine Vereinnahmung des Beratersystems droht, wenn das Klientensystem dem Beratersystem gewünschte Lösungen vorschreibt. Auf der anderen Seite droht aber genauso die Vereinahmung des Klientensystems durch das Beratersystem und somit ein Verlust der Identität. Dies wäre z. B. der Fall, wenn das Beratersystem dem Klientensystem vorschreibt, welche Probleme es hat und hierfür vorgefertigte Lösungen bereitstellt.

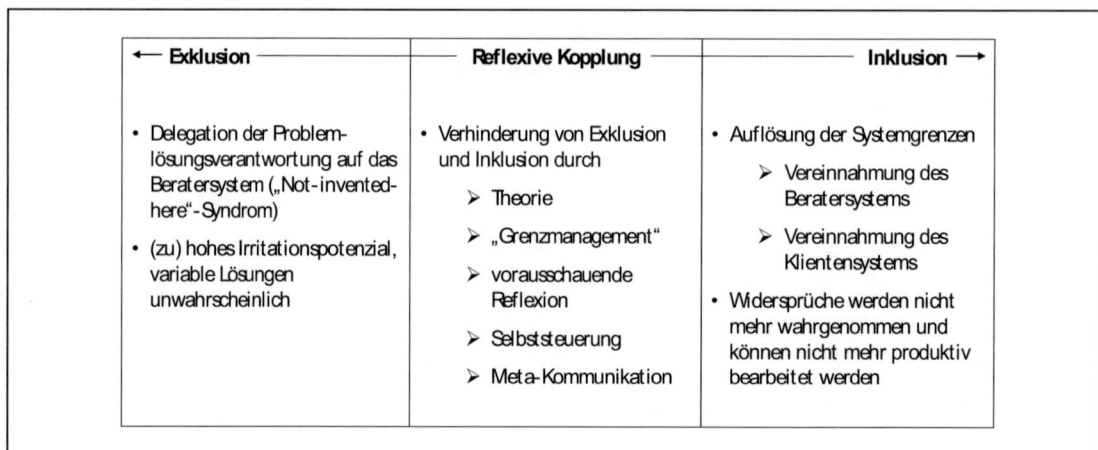

Abb. 2-11:   Kopplungsoptionen der Beratung (Quelle: modifiziert nach MOHE 2003: S. 331)

---

[110] Vgl. WILLKE (1993: S. 122).
[111] Vgl. für eine alternative Kopplungsmöglichkeit BAECKER (1993: S. 214), der zwischen loser und fester Kopplung unterscheidet.

Die reflexive Kopplung gilt schließlich als der goldene Mittelweg. Sie steht für die Position, bei der eine erfolgreiche Kopplung von Berater- und Klientensystem am wahrscheinlichsten ist. Diese wird erreicht, indem man sowohl Inklusion als auch Exklusion vermeidet und kann durch folgende Aspekte gefördert werden:

- Durch den Einbau von Theorie gelingt es dem Klientensystem, sich vor Inklusion zu schützen, da ein eigenes Begriffsinventar verwendet wird.[112]

- Ein „Grenzmanagement" soll die Systemautonomie gewährleisten, wodurch das Einbringen systemspezifischer Expertisen, die Entfaltung verschiedener Wirklichkeitskonstruktionen und ähnliches ermöglicht wird.

- Durch vorausschauende Reflexion und Selbststeuerung kann das Klientensystem dazu angeregt werden, zu überdenken, welche Auswirkungen ihre Interventionen (z. B. eine ständige Zwischenberichtseinforderung) auf das Beratersystem haben.

- Durch eine Kommunikation 2. Ordnung (Meta-Kommunikation, Kommunikation über Kommunikation) können Klientensysteme ihre Identität einer Selbstbeobachtung unterziehen und dadurch Prozesse der Selbststeuerung einleiten.[113]

Im Rahmen der strukturellen Kopplung von Beratersystem und Klientensystem wird quasi ein neues System geschaffen, das Beratungssystem. Dieses Beratungssystem etabliert sich als ein eigenes intermediäres System.[114] Wichtig ist die Einsicht, dass die Beratung an sich in diesem Beratungssystem stattfindet und nicht etwa im Klienten- und/oder Beratersystem.[115]

Berücksichtigt man nun das Vorangegangene, und dass das Beratungssystem aus eigenen Kommunikationszusammenhängen und -elementen besteht, wird klar, dass eine direkte Steuerung des Beratungssystems nicht möglich ist. Daher erweist sich hier

---

[112] Vgl. für den Aspekt „Theorie" bezogen auf das Beratersystem WIMMER (1991: S. 120) und EXNER/KÖNIGSWIESER/TITSCHER (1987: S. 266 f.).

[113] Vgl. LUHMANN (1994: S. 210).

[114] Vgl. WILLKE (1993: S. 120, 1999: S. 97 ff.).

[115] Vgl. WIMMER (1992: S. 82 f.) und Kapitel 1.2.

die dezentrale Kontextsteuerung als geeignetes Mittel. Sie geht davon aus, dass Kontexte nicht einfach gegeben sind oder vorgegeben werden können. Vielmehr werden Kontexte im Zusammenspiel autonomer Akteure organisiert.[116] Das Einwirken auf den Kontext „Beratungssystem" erfolgt schließlich im Prozess der intersystemischen Abstimmung. Die Klienten und Berater bzw. das Klientensystem und das Beratersystem handeln hier die Dimensionen des Beratungssystems aus. Folgende – in Abbildung 2-12 dargestellten – vier Dimensionen werden hierbei relevant:[117]

Dimension	Beschreibung
Sachliche Dimension	Gegenüberstellung der jeweiligen Problemdeutungen, Aushandlung einer vorläufigen Problemdefinition
Soziale Dimension	Gemeinsame Entwicklung einer tragfähigen Arbeitsbeziehung (Abgrenzung des Kommunikationszusammenhangs, Bereitstellung von Ressourcen, etc.), Aufrechterhaltung/Neubestimmung der Identität des Klienten- und Beratersystems („Grenzmanagement")
Zeitliche Dimension	Design des Beratungsprozesses mit unter anderem inhaltlichen Meilensteinen und Schleifen/Zeiträumen für Reflexionen
Räumliche Dimension	Festlegung des Ortes der Beratung (beim Klientenunternehmen, beim Beratungsunternehmen, in Tagungsräumen oder ähnliches)

Abb. 2-12: Dimensionen des Beratungssystems (Quelle: eigene)

Ergänzend soll hier noch das von KIRSCH (2001: S. 287 ff.) entwickelte *Sprachsphärenmodell* eingeführt werden, welches sich im vorliegenden Zusammenhang gut dafür eignet, Vorangegangenes zu unterstreichen bzw. auszubauen.

Es werden vier Sprachsphären differenziert, die alle durch verschiedenartige Lebens-, Sprach- und Wissensformen[118] bzw. spezifische Kontexte gekennzeichnet sind und zwischen welchen „schwerwiegende Übersetzungsprobleme" (KIRSCH 2001: S. 287) bestehen (vgl. Abbildung 2-13).

Die erste Sprachsphäre entspricht der Grundlagenforschung. Hauptadressaten sind diejenigen, die an der Diskussion der Grundlagenforschung selbst beteiligt sind. Außerdem ist sie zweckfrei und nach dem Ziel der Wahrheitssuche ausgerichtet. In der zweiten Sprachsphäre werden anwendungsorientierte Konzepte formuliert, die häufig

---

[116] Vgl. SIMON (1993: S. 108 f.) und WILLKE (1993: S. 139).

[117] Vgl. KRAFFT/ULRICH (1998: S. 8 ff.), KÖNIGSWIESER/EXNER (1999: S. 31 ff.) und KOHLBECK (2001: S. 144 ff.).

[118] Vgl. ausführlich zu den Lebens-, Sprach- und Wissensformen z. B. KIRSCH (2001: S. 327 ff.).

von Beratern entwickelt werden. Primäre Adressaten sind potenzielle Anwender bzw. Klienten. Im Vordergrund steht die praktische Verwertbarkeit der Konzepte, weshalb es weniger interessiert, warum die Konzepte funktionieren; wichtig ist, dass sie funktionieren. Die vierte Sprachsphäre ist durch die historisch gewachsenen Lebens-, Sprach- und Wissensformen der fokalen Unternehmung gekennzeichnet. Sprachprobleme zwischen Berater und Klienten beziehen sich zunächst auf das Verhältnis dieser vierten und der zweiten Sprachsphäre. Die dritte Sprachsphäre entsteht nun bei der praktischen Anwendung von Konzepten, die in der zweiten Sprachsphäre formuliert werden. Es handelt sich hierbei um einen konkreten Anwendungsfall wie z. B. die Einführung eines Beraterkonzeptes in das Klientenunternehmen, wodurch letztlich ein arteigener Kontext entsteht.

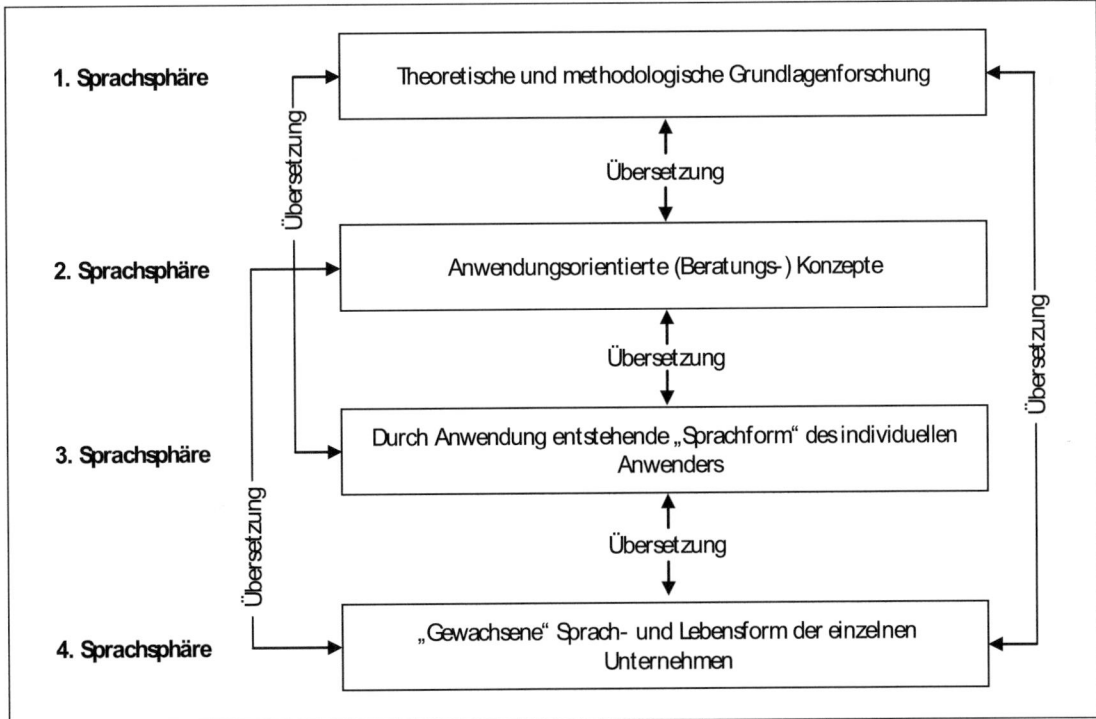

Abb. 2-13: *Sprachsphärenmodell (Quelle: modifiziert nach KIRSCH 2001: S. 287)*

Fragt man sich, worin Kommunikationsschwierigkeiten zwischen Berater und Klient begründet liegen, kann das Sprachsphärenmodell als eine etwaige Erklärung herangezogen werden. Übertragen auf die strukturelle Kopplung bedeutet dies, dass durch die Kopplung nicht nur ein neues System entsteht, sondern damit einhergehend quasi auch eine neue Sprache (3. Sprachsphäre) geschaffen wird. Dies gilt es unter anderem auch dann zu beachten, wenn es darum geht, im Rahmen der dezentralen Kontextsteuerung die Dimensionen des Beratungssystems „auszuhandeln".

Nachdem nun in diesem Teilkapitel die einzelnen Strategien der Klientenprofessionalisierung vorgestellt wurden, ist Ziel des nächsten Teilkapitels, eine Konzeption zu entwerfen, wie der professionelle Umgang mit Beratung übergreifend gestaltet werden kann.

2.3 Konzeption eines professionellen Umgangs mit Beratung

Um eine Konzeption eines professionellen Umgangs mit Beratung zu entwerfen, wird zunächst auf die von TREICHLER (2005: S. 251 ff.) dargestellte „Beratergovernance" zurückgegriffen. Im Anschluss daran werden die Hauptelemente der Beratergovernance als Orientierungslinie für die in Kapitel 2.2 betrachteten Strategien der Klientenprofessionalisierung benutzt.

Der Begriff Beratergovernance ist relativ wenig verbreitet und schließt an der allseits bekannten Corporate Governance[119] an. Die von TREICHLER vorgestellte Beratergovernance umfasst Lösungsansätze in Unternehmen zur Optimierung der wissens- und kapazitätsorientierten Ressourcenallokationen – insbesondere unter dem Blickwinkel des Zukaufs externen Know-hows und externer Kapazitäten.[120] Definiert wird die Beratergovernance wie folgt:

> „Beratergovernance wird [...] als Führungsinstrument zur Steuerung und Optimierung des internen und externen Ressourceneinsatzes im Hinblick auf den Aufbau und die Bereitstellung des notwendigen Wissens und der notwendigen Kapazitäten zur Sicherung der nachhaltigen Entwicklung von Unternehmen verstanden. Sie hat einen wesentlichen Einfluss auf den Einkauf von externen Beratungsdienstleistungen in Unternehmen." (TREICHLER 2005: S. 254)

Als zentrale Elemente der Beratergovernance nennt TREICHLER die Sicherstellung von *Transparenz, Objektivität und Wirtschaftlichkeit* bei der Auswahl und dem Einsatz von

---

[119] Vgl. für einen Überblick zur Corporate Governance beispielsweise den Sammelband von NIPPA/PETZHOLD/KÜRSTEN (Hrsg., 2002).
[120] Vgl. hierzu und im Folgenden TREICHLER (2005: 254 ff.).

Beratern.[121] Durch diese Sicherstellung soll die strategische Ressourcenallokation optimiert, die Qualität des Einsatzes externer Berater verbessert und die Rahmenbedingungen für Beratungsprojekte sinnvoller gestaltet werden. Um dies zu erreichen, werden folgende Instrumente – getrennt nach strategischer und operativer Ebene – eingesetzt:

Auf der strategischen Ebene geht es um die mittel- bis langfristige Bedarfsplanung, das Management der Lieferantenbeziehungen sowie die strukturelle Verankerung der Rollen und Verantwortlichkeiten im Rahmen der Entwicklung und Umsetzung einer wirkungsvollen Beratergovernance. Schließlich ist es auch wichtig, unternehmensinternes Wissen darüber aufzubauen, welche Beratungsfirma für welche Probleme mit welchem Erfolg im Unternehmen eingesetzt wurde bzw. in Zukunft eingesetzt werden kann.

Die operative Ebene widmet sich der Gestaltung und Steuerung der Prozesse im Rahmen der Auswahl und des Einsatzes externer Berater. Dabei orientiert sie sich an der gesamten Beratungswertschöpfungskette, angefangen bei der Projektplanung bis hin zur Vertragsgestaltung. Der Fokus liegt hierbei auf der Steuerung und Kontrolle von Beratungsprojekten.[122] Abbildung 2-14 führt die erläuterten Aspekte noch einmal bildlich vor Augen.[123]

---

[121] Vgl. auch TREICHLER/WIEMANN (2004b: S. 115 ff.). Hier finden sich auch einige Praxisbeispiele zur Verdeutlichung.

[122] Hier ist auch eine gewisse Ähnlichkeit zur Steuerungsexpertise zu erkennen, wie sie in Kapitel 2.2.1 behandelt wurde.

[123] Außerdem findet man bei TREICHLER auch eine Darstellung der Entwicklung hin zu einer Beratergovernance in fünf Schritten. Da diese hier jedoch von minderer Relevanz ist, sei verwiesen auf TREICHLER (2005: S. 257 ff.) und TREICHLER/WIEMANN (2004c: S. 265 f.).

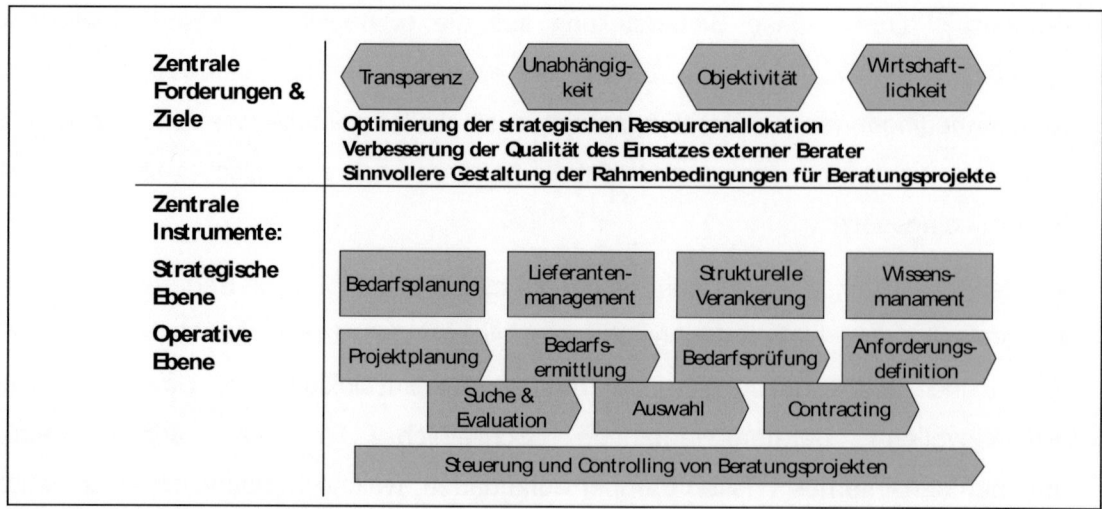

Abb. 2-14:   Elemente der Beratergovernance (Quelle: modifiziert nach TREICHLER 2005: S. 256)

Doch welchen Nutzen bringt die Beratergovernance eigentlich? TREICHLER (2005: S. 262 f.) nennt hier Aspekte wie Kostensenkungen beim Einkauf und Einsatz von Beratern,[124] Qualitätssteigerungen in den Beratungsleistungen, eine erhöhte Transparenz und damit eine bessere Ausnutzung von Synergien sowie die gegenseitige Steigerung des Nutzens für Klient und Beratung. Er spricht letztlich von einer Win-Win-Partnerschaft zwischen Klient und Berater.[125/126]

Um nun die eben vorgestellte Beratergovernance als Orientierungslinie für die Strategien der Klientenprofessionalisierung zu verwenden, gilt es zunächst, die Strategien miteinander in Verbindung zu setzten. MOHE spricht in diesem Zusammenhang von einem „integrativen Professionalisierungsverständnis" (MOHE 2003: S. 358) und konstatiert,

> „dass Klienten mit der *Konvergenz* expertenorientierter und reflexiver Professionalisierungsformen das *höchste* Niveau der Reflexion und damit der eigenen Professionalisierung erreichen." (MOHE 2003: S. 357 f., eigene Hervorhebungen)

---

[124] Zu folgender Erkenntnis kommt TREICHLER (2005: S. 262 f.): „Empirische Untersuchungen zeigen, dass die Einsparungspotenziale bis zu 50% [!] des Beschaffungsvolumens für externe Beratungsdienstleistungen erreichen können." Leider gibt TREICHLER hier jedoch nicht die Quellen dieser empirischen Untersuchungen an.

[125] Vgl. auch TREICHLER/WIEMANN (2004a: S. 43 f., 2004c: S. 268 f.).

[126] Für ein alternatives Konzept der Beratergovernance mit teilweise anderen Schwerpunkten, das unter dem Namen „Consulting Governance" firmiert, vgl. KNÖPFEL (2004).

Abbildung 2-15 illustriert diesen Sachverhalt, indem aufgezeigt wird, wie ein integratives Professionalisierungsverständnis aufgebaut ist.

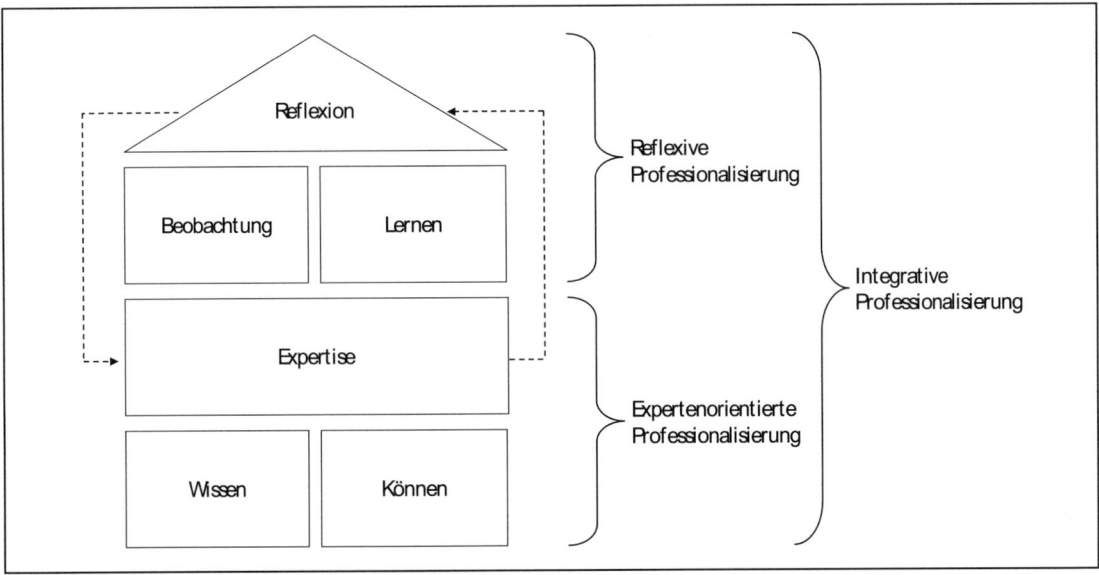

Abb. 2-15:   Integrative Professionalisierung (Quelle: MOHE 2003: S. 358)

Ausgehend von dem integrativen Professionalisierungsverständnis von MOHE und dem Konzept zur Beratergovernance von TREICHLER, soll nun im Folgenden ein Konzept des professionellen Umgangs mit Beratung entwickelt werden, das beide Varianten berücksichtigt. Um dies zu verwirklichen, soll das Wichtigste hierfür noch einmal kurz wiederholt werden:

- Die von TREICHLER entwickelte Beratergovernance beschäftigt sich überwiegend mit Steuerung und Optimierung des Beratungseinsatzes und hierbei insbesondere mit der Auswahl und dem Einsatz von Beratung. Sie hat einen wesentlichen Einfluss auf den Einkauf externer Beratungsdienstleistungen. Die zentralen Elemente sind dabei die Sicherstellung von Transparenz, Objektivität und Wirtschaftlichkeit bei der Auswahl und dem Einsatz von Beratung. Es werden verschiedene Instrumente nach strategischer und operativer Ebene unterschieden (vgl. oben).

- Das integrative Professionalisierungsverständnis, auf das die Überlegungen von MOHE hinauslaufen, unterscheidet sowohl expertenorientierte als auch reflexive Strategien der Klientenprofessionalisierung. Die expertenorientierten Professionalisierungsstrategien können in Konsultations-, Beratungs- und

Steuerungsexpertise unterschieden werden. Bei den reflexiven Professionalisierungsstrategien geht es um die Beobachtung 2. Ordnung, das reflexive Lernen und die dezentrale Kontextsteuerung.[127]

Wie man unschwer erkennen kann, tauchen einige Bestandteile der Beratergovernance in ähnlicher Art und Weise bei MOHE auf. So findet man z. B. den Aufbau unternehmensinternen Wissens, der bei der Beratergovernance auf der strategischen Ebene angesiedelt ist, bei der Steuerungsexpertise als Strategie der expertenorientierten Klientenprofessionalisierung wieder. Ähnliches gilt für die Steuerung und Kontrolle von Beratungsprojekten, die bei MOHE im Ansatz des Beratungsclearings auftauchen.

Es fällt auf, dass bei TREICHLER die Elemente Transparenz, Objektivität und Wirtschaftlichkeit nicht umfassend genutzt werden. Dementsprechend sollen diese Elemente für das hier zu entwickelnde Konzept als *übergreifende Orientierungslinie* für alle Strategien der Klientenprofessionalisierung dienen. TREICHLER liefert mit seinem Beitrag also nicht eine Erweiterung des integrativen Professionalisierungsverständnisses, indem neue oder andere Strategien der expertenorientierten oder reflexiven Klientenprofessionalisierung vorgeschlagen werden, vielmehr wird mit Hilfe der Hauptelemente der Beratergovernance eine Richtlinie für die Strategien der Klientenprofessionalisierung geschaffen. Um dies zu verdeutlichen, werden die in Kapitel 2.2 kennen gelernten Strategien der Klientenprofessionalisierung daraufhin untersucht, wie die Elemente Transparenz, Objektivität und Wirtschaftlichkeit als Orientierungslinien dienen können. Man sollte jedoch berücksichtigen, dass die genannten Elemente immer in Kombination zueinander gesehen werden müssen und einer situationsspezifischen Gewichtung bedürfen. So gesehen kann die Orientierungslinie auch als Entscheidungshilfe dienen, die in diesem Sinne ihren Beitrag zur Klientenprofessionalisierung liefert. Zunächst werden diesbezüglich die expertenorientierten Strategien genauer betrachtet:

Die Konsultationsexpertise findet Ausdruck in vier Formen: dem Buying Center, diversen Beschaffungsstrategien, Auswahlverfahren und der Nutzung externer

---

[127] Vgl. Kapitel 2.2.

Konsultationsexpertise.[128] Bei jeder dieser Formen macht es Sinn die Elemente Transparenz, Objektivität und Wirschaftlichkeit als Leitlinie zugrunde zu legen. Beim Buying Center geht es um die Beschaffung von Beratung. Diese soll möglichst transparent, objektiv und wirschaftlich vonstatten gehen. Geht es beispielsweise darum, Buying Center zu systematisieren und strukturieren, kann dies anhand der genannten Elemente erfolgen. Dies gilt in ähnlicher Form für die verschiedenen Beschaffungsstrategien. Egal welche Strategie bzw. Strategiekombination verfolgt wird, immer soll diese entsprechend der Leitlinie möglichst transparent, objektiv und wirschaftlich sein. Selbstverständlich gilt es auch hier abzuwägen. Es ist klar, dass die Relational Strategy einen transparenteren Eindruck macht als die Transactional Strategy. Dies bedeutet jedoch nicht, dass sie der Relational Strategy prinzipiell vorzuziehen ist. Letztlich steht die Gesamtperformance im Vordergrund, und die einzelnen Elemente müssen individuell mit entsprechender Gewichtung versehen werden. Auch bei der Beraterauswahl können die Elemente als nützliche Orientierungslinie für Auswahlkriterien dienen. Der Auswahlprozess soll entsprechend transparent, objektiv und auch wirschaftlich erfolgen. Vergleichbares gilt für die Nutzung von externer Konsultationsexpertise.

In Kapitel 2.2.1 wurde im Rahmen der Beratungsexpertise das Inhouse Consulting analysiert. Hierdurch konnte unter anderem eine Vielzahl von theoretisch möglichen Kombinationen interner Unternehmensberatungen bestimmt werden.[129] Eine Empfehlung bezüglich der verschiedenen Kombinationen wurde jedoch nicht abgegeben. Auch kann *die* bestmögliche Alternative nicht ausgemacht werden, da immer fallspezifisch abgewogen werden muss. Mit Hilfe der Kriterien Transparenz, Objektivität und Wirschaftlichkeit kann jedoch auch hier eine gewisse Orientierungslinie bzw. Ordnung hineingebracht werden. Man sollte sich bei den verschiedenen Merkmalen für die Ausprägung entscheiden, die für größtmögliche Transparenz, Objektivität und Wirschaftlichkeit spricht. Geht es also beispielsweise darum, ob eine interne Unternehmensberatung neu gegründet, akquiriert, transformiert oder institutionalisiert werden soll, muss man freilich zunächst die spezifische Situation des

---

[128] Vgl. Kapitel 2.2.1.
[129] Vgl. auch noch einmal Anhang C und D.

Unternehmens berücksichtigen, um sich dann für diejenige Alternative zu entscheiden, die der Orientierungslinie am nächsten kommt.

Im Rahmen der Diskussion der Steuerungsexpertise konnten drei Leistungsfelder des zentralen Beratungsclearings herausgearbeitet werden, nämlich die Steuerung von Beratung, die Koordination von Beratung und die Beiträge zum unternehmensinternen Wissensmanagement. Genau diese gilt es, entsprechend der Orientierungslinie auszurichten. Wird etwa eine zentrale Koordinationsstelle für Beratung eingerichtet, sollte diese übergreifend darauf Acht geben, dass Beratung möglichst transparent, objektiv und wirtschaftlich erfolgt.

Zusammenfassend kann für die expertenorientierte Klientenprofessionalisierung festgehalten werden, dass die Einbringung der Elemente Transparenz, Objektivität und Wirtschaftlichkeit als grundlegende Orientierungslinien von bedeutendem Nutzen ist.

Die Frage, die sich nun stellt, ist, ob dieses Vorgehen genauso problemlos bei der reflexiven Klientenprofessionalisierung funktioniert. Hierzu bietet es sich wieder an, die einzelnen Strategien daraufhin näher zu untersuchen, inwieweit die Orientierungslinie der Transparenz, Objektivität und Wirtschaftlichkeit integriert werden kann.

Wie weiter oben festgestellt wurde, sind sowohl das Beratungs- als auch das Klientensystem zu Beobachtungen 2. Ordnung fähig. Interessant ist nun nach welchen Mustern diese ablaufen. Prinzipiell gesehen können alle Beobachtungen 1. Ordnung Gegenstand von Beobachtungen 2. Ordnung werden. Dies bedeutet, dass alle Beobachtungen beobachtet werden können. Dass dieses Vorgehen eher von geringerer Effektivität ist und auch nur sehr bedingt verwirklichbar, scheint einleuchtend. Legt man nun den Mustern, nach denen die Beobachtungen 2. Ordnung ausgewählt werden, eine gewisse Leitlinie zugrunde, ergibt sich ein anderes Bild. Hier bietet es sich an, die Orientierungslinie der Transparenz, Objektivität und Wirtschaftlichkeit zu verwenden. Ergo werden nicht mehr alle Beobachtungen beobachtet. Auch entstehen keine willkürlichen Muster, nach denen die Beobachtungen ausgesucht werden, die man weiter beobachtet, sondern es werden nur noch die Beobachtungen beobachtet, die dem Muster „Transparenz-Objektivität-Wirtschaftlichkeit" entsprechen. Dies hat zur Folge, dass eine Beobachtung dann weiter beobachtet wird, wenn man sich von dieser verspricht, etwas im Rahmen des Beratungsprozesses transparenter, objektiver und/oder wirtschaftlicher zu gestalten und somit auch von bedeutendem Nutzen für die

Klientenprofessionalisierung ist. Dementsprechend ist es beispielsweise interessant, zu beobachten, wie die Mitglieder des Beratungssystems im engeren Sinne sich gegenseitig beobachten.[130]

Neben den bekannten Lernmodellen (Injektionsmodell und Bestätigungsmodell) wurden in Kapitel 2.2.2 zwei weitere Lernmodelle der Unternehmensberatung betrachtet: das Veränderungsmodell und das Reflexionsmodell. Bei allen vier Lernmodellen ist es möglich die Elemente Transparenz, Objektivität und Wirtschaftlichkeit zugrunde zu legen. Dies soll stellvertretend an dem Injektionsmodell und dem Reflexionsmodell dargestellt werden. Betrachtet man das Injektionsmodell, bei dem der Berater dem Klient bereits vorgefertigte Produkte verabreicht, kann der Klient trotz seiner passiven Stellung (Schüler) auch eine aktive Rolle übernehmen, indem er immer wieder hinterfragt, ob das, was ihm „injiziert" wird, für ihn transparent, objektiv und wirtschaftlich (genug) ist.[131] Dadurch nähert er sich dem Reflexionsmodell an, bei dem der Klient durch Selbstbeobachtung und Selbstreflexion über Beratung lernen und gegebenenfalls seine „theories in use" modifizieren kann. Damit dies nicht überhand nimmt, empfiehlt es sich auch hier, auf die Orientierungslinie „Transparenz-Objektivität-Wirtschaftlichkeit" zurückzugreifen. Dementsprechend sollte eine „theorie in use" umstrukturiert werden, wenn man sich davon größerer Transparenz, Objektivität und/oder Wirtschaftlichkeit verspricht.

Die dezentrale Kontextsteuerung wurde als Mittelposition der Kontextsteuerung herausgearbeitet. Sie geht davon aus, dass Kontexte nicht einfach gegeben sind oder vorgegeben werden können. Vielmehr werden Kontexte im Zusammenspiel autonomer Akteure organisiert. Das Einwirken auf den Kontext „Beratungssystem" erfolgt schließlich im Prozess der intersystemischen Abstimmung. Die Klienten und Berater bzw. das Klientensystem und das Beratersystem handeln die Dimensionen des Beratungssystems aus. Hierbei wird eine sachliche, soziale, zeitliche und räumliche Dimension relevant. Diese Dimensionen sind recht weitläufig und daher besteht die Gefahr, sich hierin zu verlieren. Aus diesem Grund ist es sinnvoll, die mittlerweile

---

[130] Vgl. zum Beratungssystem Kapital 1.2.
[131] Man berücksichtige hier die angebrachte Kritik und die Ausführung zur koevolutionären Wissensgenese von Kapitel 2.2.2.

bekannte Orientierungslinie der Transparenz-Objektivität-Wirtschaftlichkeit einzuführen. Damit kann erreicht werden, dass die intersystemische Abstimmung – zumindest von Seiten der Klienten – nicht aus den Fugen gerät, sondern eine gewisse Ordnung und Nachhaltigkeit erfährt. Im Zuge der Aushandlung über die verschiedenen Dimensionen kann so immer auf die Orientierungslinie zurückgegriffen werden. Selbstverständlich gilt auch hier, dass es sich um eine Richtlinie handelt, die individuell gehandhabt werden muss. Steht der Klient z. B. bezüglich der räumlichen Dimension vor der Entscheidung, wo die Beratung durchgeführt werden soll, und ist es aus bestimmten Gründen wichtig, größtmögliche Objektivität zu bewahren, so ist es angemessen, auf einen neutralen Ort wie etwa Tagungsräume zurückzugreifen.

Zusammenfassend kann festgehalten werden, dass durch die Einführung der Elemente Transparenz, Objektivität und Wirtschaftlichkeit eine zweckmäßige Orientierungslinie geschaffen wurde, die *übergreifend* einsetzbar ist. Das besondere daran ist, dass diese Orientierungslinie sowohl für die expertenorientierte als auch die reflexive Klienten-professionalisierung anwendbar ist. Somit wird ein Rahmen geschaffen, an dem man sich durchweg orientieren kann.

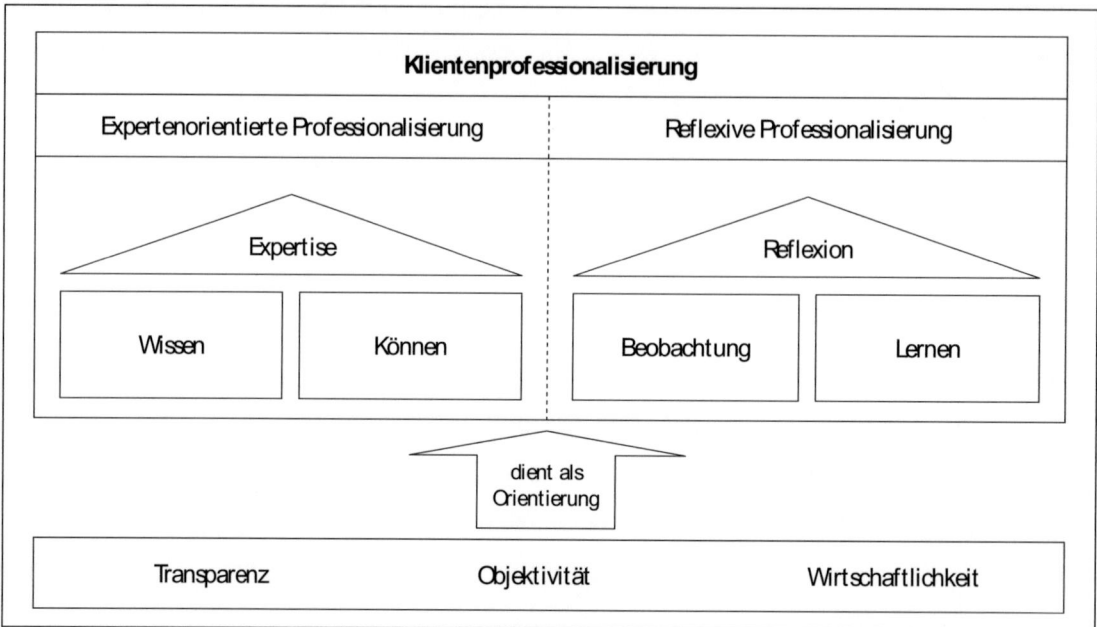

Abb. 2-16: Konzept der Klientenprofessionalisierung (Quelle: modifiziert nach MOHE: S. 341)

Die in diesem Kapitel geschaffene Konzeption eines professionellen Umgangs mit Beratung besteht aus drei Bausteinen: die allgemein anwendbare und übergreifende Orientierungslinie der Transparenz, Objektivität und Wirtschaftlichkeit, die expertenorientierte Professionalisierung und die reflexive Professionalisierung mit ihren jeweiligen Unterstrategien. Abbildung 2-16 stellt dieses Konzept der Klientenprofessionalisierung dar. Die gestrichelte Linie zwischen expertenorientierter und reflexiver Professionalisierung deutet an, dass diese beiden Professionalisierungsarten keinesfalls als zwei unabhängige große Blöcke nebeneinander stehen, sondern sich auch wechselseitig beeinflussen können.

Da es absehbar ist, dass das Thema Klientenprofessionalisierung in Zukunft immer mehr an Relevanz gewinnen wird,[132] ist es interessant, sich der Frage zu widmen, wie Unternehmensberatungen auf diese Entwicklung reagieren können bzw. welche Implikationen sich für sie ergeben. Dies soll Gegenstand des dritten Hauptkapitels sein.

---

[132] Vgl. Einleitung und auch Fußnote 54.

3 Implikationen der Klientenprofessionalisierung für die Unternehmensberatung

In diesem Kapitel wird ein Perspektivenwechsel vollzogen. Im Vorangegangenen stand das Klientenunternehmen einer Unternehmensberatung im Mittelpunkt. Es ging darum, wie ein Unternehmen sich im Umgang mit Beratungen professionalisieren kann. Diese Perspektive wird nun verlassen. Im weiteren Verlauf soll es darum gehen, darzustellen, welche Folgen die in Kapitel 2 diskutierte Klientenprofessionalisierung wiederum für Unternehmensberatungen hat bzw. wie sie hierauf reagieren können. Der Perspektivenwechsel besteht also darin, dass die Klientenprofessionalisierung nun nicht mehr aus Sicht der Klienten gesehen wird, sondern aus Sicht der Beratungen.[133] Da es zu dieser Thematik (noch) keine Literatur gibt, soll ein erster Versuch unternommen werden, näher zu untersuchen, wie Unternehmensberatungen auf die Klientenprofessionalisierung reagieren können. Doch zunächst soll die bedeutende Frage geklärt werden, ob die Professionalisierung der Klienten im Umgang mit Beratung von Vor- oder Nachteil für die Unternehmensberatungen ist. Geht mit ihr ein Nutzen oder Schaden für die Beratungsfirmen einher (Kapitel 3.1)? Im Anschluss daran werden in Kapitel 3.2 mögliche Reaktionen der Beratungen auf die ausgearbeiteten Strategien der Klientenprofessionalisierung eruiert, um schließlich in einem letzten Teilkapitel 3.3 die Meta-Beratung als besondere mögliche Reaktion herauszustellen.

3.1 Nutzen oder Schaden?

Implizit kann man sich vorstellen, dass Unternehmensberater es eher ungern sehen, wenn Klienten anfangen, sich im Umgang mit Ihnen zu professionalisieren. Es scheint einleuchtend, dass Klienten, die in Sachen Beratung unerfahren sind, deutlich profitabler für Beratungen sind als erfahrene. So kann man unerfahrenen Klienten Standardlösungen als Individuallösungen leichter verkaufen, kann bei der Vertragsgestaltung mehr Einfluss zu seinem Vorteil geltend machen und ähnliches. Verhielt es sich vor einigen Jahren noch so, dass Beratung „aufs Geratewohl" eingekauft wurde, müssen sich Unternehmensberatungen heutzutage Beauty-contests unterziehen, bei denen mehrere Berater aufgefordert werden, vor einem

---

[133] Daher müssen in diesem Kapitel diverse Überschneidungen in Kauf genommen werden.

Bewertungskomitee des Klienten ihr Angebot zu präsentieren und dabei auch ihr Projektteam vorzuführen.[134] Es werden außerdem Projekte gezielter eingekauft, stärker kontrolliert und auch leistungsabhängige Bezahlung ist keine Seltenheit mehr.[135]

Dementsprechend könnte man meinen, Unternehmensberatungen halten nichts von der neuen Sitte der Klientenprofessionalisierung. Doch bei genauerer Reflexion ergibt sich auch eine andere Betrachtungsweise. So schreibt FRIEDRICH VON DEN EICHEN in dem Kommentar zu MOHE (2005b):

> „Aus Sicht des Beraters kann man nur unterstreichen, welch himmelweiter Unterschied es doch ist, mit beratungserfahrenen Klienten zu arbeiten. Das fängt beim Einkauf an. Gatekeeper – nicht selten ehemalige Berater – wissen genau, wie sie die passende Beratung selektieren und worauf sie beim Einkauf von Beratungsleistungen und Beratungsressourcen achten müssen. Auch ist sich der erfahrene Klient der zusätzlichen Komplexität bewusst, die Beratungsprojekte in seine Organisation tragen. Er kann die Ressourcen abschätzen, die klientenseitig für den Erfolg eines Beratungsprojektes notwendig sind. Schließlich vermag er besser, Mögliches von Unmöglichem zu trennen. [...] Schon deshalb ist Klientenprofessionalisierung nicht nur für den Klienten von Interesse." (MOHE 2005b: S. 229)

So gesehen scheinen Unternehmensberatungen die Professionalisierung ihrer Klienten im Umgang mit Ihnen zu begrüßen. Hieran anschließend können drei Aspekte erarbeitet werden, die für eine Klientenprofessionalisierung aus Sicht der Berater sprechen:

Dadurch, dass sich die Klientenunternehmen zunehmend in ihrem Umgang mit Beratung professionalisieren, wird ein sanfter Zwang auf die Beratungsunternehmen erzeugt. Die Ansprüche der Klienten steigen, und die Unternehmensberatungen müssen sich immer wieder aufs Neue beweisen. Konsequenz hieraus ist, dass eine gesunde Konkurrenz entsteht. Außerdem hat die klassische Arzt-Patient-Beziehung ausgedient, und der Trend geht viel mehr in Richtung eines ebenbürtigen Partners.[136] Nur solche Beratungen, die diese Entwicklung antizipieren und den gestiegenen Ansprüchen gerecht werden können, haben eine Chance, auch langfristig am Beratungsmarkt zu überleben. Alle anderen – zum Teil auch „Schwarze Schafe" –

---

[134] Vgl. SOMMERLATTE (2004: S. 4).
[135] Vgl. auch MOHE (2005b: S: 232).
[136] Vgl. MOHE (2005b: S. 228).

werden aus dem Markt für Beratung gedrängt. Dies bedeutet nun, um hier kurz noch einmal die Perspektive aus Sicht der Klienten einzunehmen, dass durch die Klientenprofessionalisierung die Klienten selbst zu einem ja so oft gewünschten übersichtlichen Beratungsmarkt beitragen können.

Aus Sicht der Beratungen ergibt sich ein ambivalentes Bild. Diejenigen Beratungsunternehmen, die dieser Entwicklung nicht standhalten können, werden durch die Klientenprofessionalisierung ausselektiert. Es klingt logisch, dass gerade diesen Beratungen die zunehmende Klientenprofessionalisierung ein Dorn im Auge ist. Alle anderen Beratungsfirmen werden die Klientenprofessionalisierung willkommen heißen. Dadurch wird ihnen die Chance geboten, sich gegenüber den „schwarzen Schafen" zu beweisen und langfristig am Markt eine herausragende Stellung einzunehmen.

Ein weiterer Aspekt, der aus Sicht der Beratungsfirmen für eine Klientenprofessionalisierung spricht, ist die Tatsache, dass man mit beratungserfahrenen Klienten in der Regel als Berater besser arbeiten kann. Dies soll an einem Beispiel verdeutlicht werden: Betrachten werden zwei verschiedene Unternehmen. Eines davon (Unternehmen A) hat eher selten mit Unternehmensberatungen zu tun, und sich auch noch nicht mit dem Thema Klientenprofessionalisierung auseinander gesetzt. Von einem weiteren Unternehmen B sei angenommen, dass Beratung quasi zum Tagesgeschäft gehört und daher auch seit geraumer Zeit über eine fortgeschrittene Klientenprofessionalisierung verfügt. Diese schlägt sich unter anderem darin nieder, dass ein Buying Center für Beratung geschaffen wurde, um den Einkauf von Beratung übergreifend abzuwickeln. Betrachtet man nun die Arbeit der Berater mit den Klienten, wird schnell klar, dass beratungserfahrene Klienten den Beratungsprozess um einiges besser unterstützen können als beratungsunerfahrene. Dies zeigt sich allein schon daran, dass die Mitarbeiter von Unternehmen B mit Beratern vermeintlich besser umgehen können. Sie sind es gewohnt, mit Beratern zusammenzuarbeiten, während Unternehmen A allein schon Schwierigkeiten haben kann, die „richtige" Beratungsfirma für das „richtige" Problem auszuwählen. Dies kann sich auch entsprechend im Beratungsergebnis niederschlagen.

Ein dritter wesentlicher Aspekt, der für eine Klientenprofessionalisierung auch im Sinne der Unternehmensberatungen spricht und auch schon im Rahmen der verschiedenen

Lernmodelle in Kapitel 2.2.2 angesprochen wurde, ist folgender: Mittlerweile ist es kein Geheimnis mehr, dass Beratungsfirmen ihr Wissen primär neben diversen Trainings über die konkrete Projektarbeit beim Kunden aufbauen und nicht etwa aus Lehrbüchern. Allein schon die Tatsache, dass die meisten Berufseinsteiger „ins kalte Wasser geworfen" werden, also schon vom ersten Tag an auf einem Projekt arbeiten, bestätigt diese Annahme. Berücksichtigt man dies und stellt sich nun die Frage, welches Unternehmen eine bessere Lernquelle ist – das oben beschriebene Unternehmen A oder das beratungserfahrene Unternehmen B – so kommt man zu der Einsicht, dass die Berater, die im Umgang mit professionalisierten Kunden bestehen wollen, die dafür notwendigen Erfahrungen und Erkenntnisse am besten bei einem Unternehmen erwerben können, wie es Unternehmen B eines darstellt. Anders gesagt: Unternehmensberatungen nutzen „professionelle" Klienten zur eigenen Professionalisierung.

Abbildung 3-1 fasst die genannten Aspekte, die auch im Sinne der Beratungsfirmen für eine Klientenprofessionalisierung sprechen, zusammen.

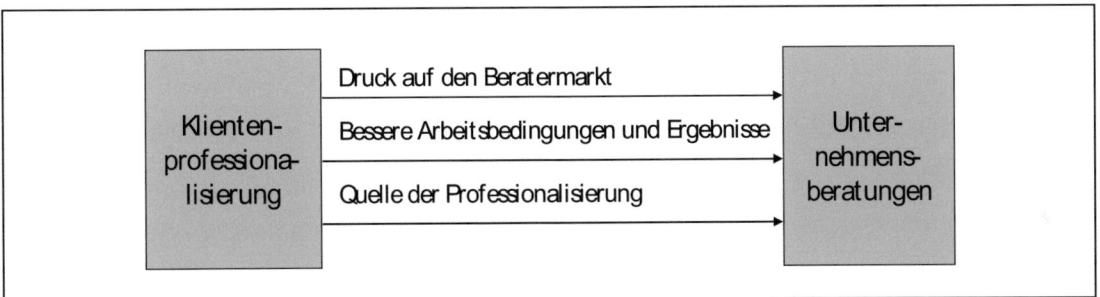

Abb. 3-1:   *Positive Folgen der Klientenprofessionalisierung für Unternehmensberatungen (Quelle: eigene)*

Die Frage, ob die Klientenprofessionalisierung ein Nutzen oder Schaden für die Berater-branche darstellt, kann – solange es nicht darum geht, unseriöse Beratungsfirmen unterstützen zu wollen – nur zugunsten eines Nutzens beantwortet werden.

3.2   Reaktionen auf die Strategien der Klientenprofessionalisierung

In diesem Teilkapitel soll näher darauf eingegangen werden, wie Unternehmensberatungen mit der veränderten Kundenentwicklung umgehen bzw. wie sie auf die Klientenprofessionalisierungsstrategien reagieren können. Dabei wird zunächst die Konzentration auf die Kerntugenden guter Beratung (Kapitel 3.2.1) als eine mögliche Reaktion herausgearbeitet. Des Weiteren ist es interessant, sich näher damit zu beschäftigen, wie Berater speziell auf die reflexiven Strategien der Klientenprofessionalisierung reagieren können. Dies wird Gegenstand des Unterkapitels 3.2.2 sein.

3.2.1 Konzentration auf Kerntugenden

Man kann sich vorstellen, dass sich Unternehmensberatungen wegen den veränderten Bedingungen am Markt völlig neu ausrichten müssen, um den „neuen" Ansprüchen der Klienten gerecht zu werden und am Markt bestehen zu können. Dies mag wahrscheinlich für etwas ominöse Unternehmensberatungen gelten, jedoch keinesfalls für seriöse Beratungsfirmen, was allerdings nicht bedeuten soll, dass gar keine Reaktion folgt. Beratungsfirmen können mit einer Konzentration auf ihre Kerntugenden reagieren, wodurch auch dann eine solide Basis gebildet wird, wenn man in einem sich ändernden Umfeld fortbestehen will. Diese Kerntugenden sollten konsequent umgesetzt werden und lauten: Unabhängigkeit und Objektivität, Kreativität und konzeptionelle Stärke sowie höchste Qualität. Im Folgenden werden diese Kerntugenden einer näheren Betrachtung unterzogen.[137]

Unabhängigkeit und Objektivität gelten als zentrale Funktion einer jeden Unternehmensberatung. Eine wichtige Voraussetzung für die Unabhängigkeit einer Beratungsfirma ist, dass sie keinem Einfluss dritter Parteien unterliegt.[138] Diese ergeben sich etwa bei Beteiligungen an den zu beratenden Unternehmen, Verflechtungen von unterschiedlichen Rollen wie Prüfung und Beratung oder bei einer Kooperation von IT-Beratung mit Software-Herstellern bzw. IT-Herstellern. All dies sind die gängigsten Beispiele für Gefahren, die die Unabhängigkeit und Objektivität von Beratungsunternehmen negativ beeinflussen können, somit den Beratungserfolg aufs Spiel setzen und vermieden werden sollten.

Die Zeiten, zu denen man als Berater seinen Klienten noch mit Standardlösungen zufrieden stellen konnte, sind vorbei. Heutzutage wird von einer Beratung unter anderem Kreativität und konzeptionelle Stärke gefordert. Der Klient erwartet, dass am

---

[137] Vgl. hierzu und im Folgenden SCHWENKER (2004: S. 225 ff.).
[138] Vgl. hierzu auch die Funktionen von Beratung in Kapitel 1.1.

Ende des Projektes ein messbarer Erfolg auszumachen ist. Da dieser mit Standardlösungen selten erreicht wird, sind kreative Problemlösungen gefordert. Daher sollte eine Beratungsfirma versuchen, ihre Innovationskraft fortwährend zu verbessern. Z. B. kann durch ständigen Kontakt mit der Wissenschaft im Rahmen von Doktoranden- oder MBA-Programmen sowie durch die Teilnahme an wissenschaftlichen Kongressen und Kolloquien ein kreatives, innovatives Umfeld geschaffen werden. Dadurch wird der interne Wissensfluss auf hohem Niveau gehalten. Es ist jedoch auch wichtig, dass die Organisation der Unternehmensberatung selber stets offen für Innovationen ist und keine Abschottung diesbezüglich stattfindet. Man spricht hier von einer so genannten lernenden Organisation, bei der das Management des internen Wissens eine bedeutende Rolle spielt.[139]

Ein weiterer wichtiger Aspekt zur Entfaltung der Kreativitätspotenziale besteht darin, den Beratern genügend Freiräume zur Verfügung zu stellen. Da Beratung immer auch ein „people business" ist, muss so gesehen das Zusammenspiel zwischen Organisation und Mensch passen, damit Kreativitätspotenziale optimal genutzt werden können.

Als dritte Kerntugend der Beratung nennt SCHWENKER Qualität. Unter Qualität im Rahmen von Beratung versteht SCHWENKER (2004: S. 228) zunächst, dass eine Beratung nur solche Aufträge annehmen sollte, die sie auch tatsächlich erfüllen können. Er behauptet weiter, dass Enttäuschungen „praktisch immer" (SCHWENKER 2004: S. 228) darauf zurückzuführen seien, dass der bzw. die Berater im Vorfeld zu viel versprochen hatten und daher die Projektziele nicht erreicht wurden.

Es leuchtet ein, dass ein Klient enttäuscht und unzufrieden mit seiner Beratung ist, wenn Versprochenes nicht eingehalten wird und/oder Projektziele nicht erreicht werden. Jedoch ist es etwas einseitig, davon auszugehen, wie es SCHWENKER (2004: S. 228) hier macht, dass alle Enttäuschungen auf den einen Faktor zurückzuführen sind, dass im Vorfeld dem Klienten zuviel versprochen wurde. Es ist beispielsweise auch der einfache Fall denkbar, dass der Klient zu hohe Erwartungen an die Beratung hat, diese Erwartungen dann nicht erfüllt werden können und somit Unzufriedenheit generiert

---

[139] Vgl. ausführlich zur lernenden Organisation z. B. den Sammelband von KREMIN-BUCH/UNGER/WALZ (Hrsg., 2000).

wird.[140] Viel wichtiger ist, auf Basis von Mitarbeitern, Unternehmenskultur und effizienter Systeme zum Management von Qualität mit Hilfe von individuellen Konzepten für den Klienten einen größtmöglichen Mehrwert zu generieren.

Da die Qualität der Beratung stark von der Qualität der Mitarbeiter abhängt, ist es wichtig, als Beratungsfirma eine strenge Mitarbeiterpolitik zu fahren. Diese kann sich unter anderem so gestalten, dass nur die besten Studienabgänger rekrutiert werden, selbst dann, wenn der Bedarf das Angebot an passenden Kandidaten übersteigt. Des Weiteren gehört zu einer guten Mitarbeiterpolitik auch die konsequente Förderung und Weiterbildung der Mitarbeiter. Individuelle Stärken sollten optimal protegiert werden, und jedem Mitarbeiter muss eine Vielzahl von Möglichkeiten zum Sammeln unterschiedlichster Erfahrungen geboten werden. „Investitionen in die Personalauswahl und -entwicklung sind also die erste und wichtigste Voraussetzung für Qualität" (SCHWENKER 2004: S. 228). Damit ist es jedoch noch nicht getan. Wichtig für einen kontinuierlichen Fortschritt ist auch eine Evaluation der Leistungen eines jeden Beraters. Nur wer langfristig gesehen gute Arbeit leistet, sollte aufsteigen und Karriere machen. Ganz nach dem Prinzip „Grow or Go", wie viele Unternehmensberatungen dies heute schon verwirklicht haben und öffentlich kommunizieren.

Für die Unternehmenskultur einer Unternehmensberatung bedeutet dies, dass sie entsprechend auf ihre Mitarbeiter abgestimmt sein sollte, um diese Forderung unterstützten zu können und qualitativ hochwertige Beratung anbieten zu können. Durch offene Strukturen und Freiheiten innerhalb gegebener Regeln kann ein Umfeld geschaffen werden, das die Entfaltung der Mitarbeiter unterstützt.

Schließlich gilt es, durch effiziente Systeme zum Management von Qualität das Vorangegangene (Mitarbeiter und Unternehmenskultur) zu unterstützen. Beratungsfirmen sollten in der Lage sein, zu erkennen, wo sich Qualitätsprobleme einstellen können. Hierfür ausschlaggebend ist, alle Phasen des Beratungsprozesses

---

[140] Vgl. zur Thematik der Zufriedenheit mit Dienstleistungen etwa KNOP (2002).

miteinander zu verknüpfen.[141] Als Instrument kann hierfür z. B. ein internes Benchmarking dienen.[142]

Zusammenfassend kann festgehalten werden, dass die Elemente Objektivität, Kreativität und Qualität als unverzichtbare Elemente einer guten Beratung gelten. In Anbetracht der Klientenprofessionalisierung kann eine angemessene Reaktion der Unternehmensberatungen in der Konzentration auf die dargestellten Kerntugenden guter Beratung gesehen werden. Dies gilt insbesondere bezüglich den expertenorientierten Professionalisierungsstrategien. Sehen sich Unternehmensberatungen in Zukunft einer zunehmenden Konsultations-, Beratungs- und Steuerungsexpertise von Seiten ihrer Klienten ausgesetzt, sind sie „gut beraten", diese Kerntugenden konsequent umzusetzen.

Um dies zu verdeutlichen wird nun – auch in gewisser Weise stellvertretend für die Konsultations- und Steuerungsexpertise – ein genauerer Blick darauf geworfen, wie Beratungsfirmen auf die Beratungsexpertise, also das Phänomen Inhouse Consulting reagieren können. Dies ist deswegen von herausragendem Interesse, weil interne Unternehmensberatungen derzeit besonders en vogue sind und als neue Konkurrenz zur klassischen externen Beratung gesehen werden können.[143]

Die größten Vorteile einer internen Unternehmensberatung liegen klar auf der Hand: keine Abhängigkeiten zu externen Beratungen und kein ungewollter Know-how-Transfer.[144] Als Gegenargument hierzu bringen externe Beratungen gerne an, dass interne Beratungen nicht in der Lage wären, mit der gleichen Objektivität bzw. Neutralität ans Werk zu gehen wie ihresgleichen. Oft wird auch von Betriebsblindheit geredet, die nur überwunden werden könne, wenn man externe Beratungen engagiere.[145] Hier wird jedoch die Meinung vertreten, dass eine interne Unternehmensberatung im Prinzip genauso unabhängig, objektiv und neutral arbeiten kann, wie eine externe. Mittlerweile gibt es Konstellationen interner Beratungen, bei

---

[141] Vgl. Kapitel 1.3.
[142] Vgl. zum Benchmarking etwa GRUBER/JANOTTA (2003).
[143] Vgl. etwa MOHE/PFRIEM (2002: S. 36).
[144] Vgl. beispielsweise MOHE/PFRIEM (2002: S. 36).
[145] Vgl. auch MAAßEN (2005: S. 152).

denen das Inhouse Consulting als völlig unabhängiger und eigenständiger Teil des Unternehmens angesiedelt ist und darüber hinaus mit den externen Anbietern in Konkurrenz steht. Man könnte *fast* schon von einer „outgesourcten internen Unternehmensberatung" sprechen. Mitarbeiter werden nicht (nur) intern rekrutiert, sondern (auch) extern abgeworben, und es bestehen keinerlei Abhängigkeiten beispielsweise zwischen Inhouse Consulting und Vorstand. Außerdem muss sich die interne Unternehmensberatung bei der Vergabe von Projekten genauso beweisen, wie alle anderen in Frage kommenden Beratungsfirmen. Es ist also nicht der Fall, dass prinzipiell alle Aufträge an die interne Beratung vergeben werden. Dies alles spricht dafür, dass interne Unternehmensberatungen prinzipiell Probleme genauso unabhängig, objektiv und neutral angehen können, wie dies bei den externen deklariert wird. SCHWENKER sieht dies anders, wenn er schreibt:

> „Nur durch die Betrachtung von außen kann er [der Berater, M. B.] die Probleme des Klienten von einem unabhängigen, also objektiven und neutralen, Blickwinkel aus untersuchen und begreifen. Gerade diesen Vorteil schätzen die beauftragenden Unternehmen, denn er kann von Inhouse-Consultants *nicht* eingelöst werden." (2004: S. 225 f., eigene Hervorhebung)

Doch zurück zu der Frage, wie externe Unternehmensberatungen auf den Aufbau interner Beratungen reagieren können. Folgende grundsätzliche Möglichkeiten können hierbei festgehalten werden:

- Zunächst besteht die Möglichkeit, dass externe Beratungen den Aufbau von internen Unternehmensberatungen schlichtweg als „parkinsonsche Entwicklung" (BERGER 1985: S. 8) abtun und sie damit auch nicht als ernstzunehmende Konkurrenten oder Partner betrachten. Dies entspricht der Ansicht, dass die Betriebsblindheit nur von externen Beratern überwunden werden kann.

- Eine andere Alternative ist, die Existenz interner Unternehmensberatungen zu akzeptieren und sie als vollständigen Konkurrenten zu betrachten. In diesem Fall kann die Positionierung einer internen Beratung am Markt unter Umständen drastische Auswirkungen auf den Beratermarkt haben.

- Eine weitere Möglichkeit, die den Mittelweg zwischen den beiden vorangegangenen Extrempositionen darstellt, besteht darin, die internen Beratungen als gleichwertige Partner zu betrachten. Dadurch wird die

Möglichkeit eröffnet, Komplementärfähigkeiten und -kompetenzen projektbezogen zu bündeln.[146]

Leider ist es nicht möglich, eine eindeutige Empfehlung abzugeben, welche der genannten Alternativen wohl die Beste ist, um als externe Beratungsfirma auf das Phänomen Inhouse Consulting angemessen zu reagieren. Hier muss man situationsspezifisch abwägen. So ist es sowohl denkbar, als externer Unternehmensberater mit der internen Beratung auf der Ebene des gleichberechtigten Partners zusammenzuarbeiten und sich gegenseitig zu unterstützen, genauso wie man sie als Konkurrenz ansehen kann, die es zu übertrumpfen gilt. Dies hängt stark von dem zu lösenden Problem und den Bedingungen des Projektes ab. Es sei jedoch angemerkt, dass die erste Alternative eher einen Ausnahmefall darstellt. Wie die Praxis gezeigt hat, sind interne Unternehmensberatungen sehr wohl ernst zu nehmen und sollten nicht als „parkinsonsche Entwicklung" abgetan werden.[147]

In jedem Fall liegt es nahe, sich als externe Unternehmensberatung durch konsequente Konzentration auf die oben erläuterten Kerntugenden am Markt zu profilieren. Ganz egal, ob man nun die internen Beratungshäuser eher abwertend als keine wirklichen Wettbewerber ansieht, sie als Konkurrenten betrachtet oder eine Partnerschaft anstrebt.

3.2.2 Reaktionen auf die reflexiven Professionalisierungsstrategien

Wie im Rahmen des Kapitels 2.2.2 schon angedeutet wurde, stehen die Strategien der reflexiven Klientenprofessionalisierung nicht nur den Klienten zur Verfügung, sondern auch Berater bzw. Beratungsfirmen kennen diese Strategien. Aus diesem Grund ist es interessant, zu untersuchen, wie Unternehmensberatungen auf die reflexiven Klienten-professionalisierungsstrategien reagieren können.

Betrachtet man die Thematik des Beobachtens, so wurde weiter oben schon festgestellt, dass Berater zu Beobachtungen 1. und 2. Ordnung fähig sind. Was dies bedeuten kann, soll an einem Beispiel verdeutlicht werden, das an das Beispiel anknüpft, welches unter dem Abschnitt „Von Beobachtung 1. Ordnung zu Beobachtung

---

[146] Vgl. in ähnlicher Form MAAßEN (2005: S. 156 f.).
[147] Vgl. für einige Beispiele interne Unternehmensberatungen das Kapitel „Praxisbeispiele" in dem Herausgeberband von NIEDEREICHHOLZ (Hrsg., 2000: S. 83 ff.).

2. Ordnung" in Kapitel 2.2.2 schon angeführt wurde. Es wurde argumentiert, dass ein Klientenunternehmen – aus welchen Gründen auch immer – fortwährend ein und dasselbe Beratungsunternehmen beobachtet. Mit Hilfe der Beobachtung 2. Ordnung kann das Klientenunternehmen nun seine Annahmen überdenken. Es kann herausfinden, wieso sich der Blick auf diese eine Beratungsfirma reduziert hat, und zugleich wird der Horizont auch für alternative Beratungsfirmen ausgeweitet. Dieses Spiel kann man nun weiter fortsetzen (vgl. auch Abbildung 3-2). So ist das Beratungsunternehmen z. B. fähig, zu beobachten (Beobachtung 2. Ordnung), dass das Klientenunternehmen fortwährend ein und dieselbe Consultingfirma – nämlich sie selber – beobachtet (Beobachtung 1. Ordnung).[148] Außerdem können die Berater auch beobachten (Beobachtung 3. Ordnung), dass das Klientenunternehmen beobachtet (Beobachtung 2. Ordnung), dass es andauernd sie als Beratungsfirma beobachtet (Beobachtung 1. Ordnung). Oder anders gesagt: Die Berater beobachten die Beobachtungen 2. Ordnung der Klienten. Quintessenz ist, dass durch die Beobachtungen höherer Ordnungen den Beratungen Möglichkeiten eröffnet werden, das Verhalten der Klienten zu antizipieren bzw. entsprechend darauf zu reagieren. Für das vorliegende Beispiel würde dies bedeuten, dass eine angemessene Reaktion seitens der Beratungsfirma hier etwa darin zu sehen ist, sich in den Mittelpunkt der Beobachtungen zu rücken, beispielsweise durch eine Hervorhebung der konsequenten Durchführung der weiter oben dargestellten Kerntugenden guter Beratung.[149]

Folgende Abbildung 3-2 fasst noch einmal die Beobachtungen der verschiedenen Ordnungen zusammen, die im Rahmen des Beispieles dargestellt wurden. Hierbei gilt

---

[148] In der Abbildung 3-2 handelt es sich bei der Beratungsfirma, die beobachtet wird und die eigens beobachtet aus Gründen der Darstellung um dieselbe. Natürlich ist auch der Fall denkbar, dass es sich um zwei unterschiedliche Beratungsfirmen handelt. Dies wurde hier jedoch vernachlässigt, um den an sich schon komplexen Sachverhalt nicht noch weiter zu verkomplizieren.

[149] Am Rande sei hier erwähnt, dass es im vorliegenden Beispiel letztlich kaum einen Unterschied macht, ob die Beratungsfirma, die vom Klienten beobachtet wird und die Beratungsfirma, die die Beobachtungen des Klienten beobachtet, dieselbe ist oder nicht. Angenommen, es handelt sich um dieselbe Beratungsfirma, geraten ja durch die Beobachtung 2. Ordnung des Klientenunternehmens andere Beratungsfirmen in die Betrachtung und die Unternehmensberatung, die anfangs beobachtet wurde, will vermeiden, dass diese neu in den Blickwinkel geratenen Unternehmensberatungen positiver beachtet werden und dadurch möglicherweise den nächsten Auftrag erhalten. Handelt es sich nicht um dieselbe Beratungsfirma, die im Rahmen der Beobachtung 1. Ordnung beobachtet wird, sollte sich die Beratungsfirma genauso positiv in den Mittelpunkt der Beobachtungen stellen, da sie nun erreichen will, den nächsten Auftrag zu bekommen.

zu beachten, dass der Übersichtlichkeit halber nicht alle möglichen Alternativen festgehalten sind. Insbesondere wird nicht berücksichtigt, dass auch die Klienten zu Beobachtungen 3. (und auch höherer Ordnung) fähig sind. Dies bedeutet auch, dass das Spiel der gegenseitigen Beobachtungen unendlich fortgesetzt werden kann. Beides wird in Abbildung 3-2 nicht dargestellt.

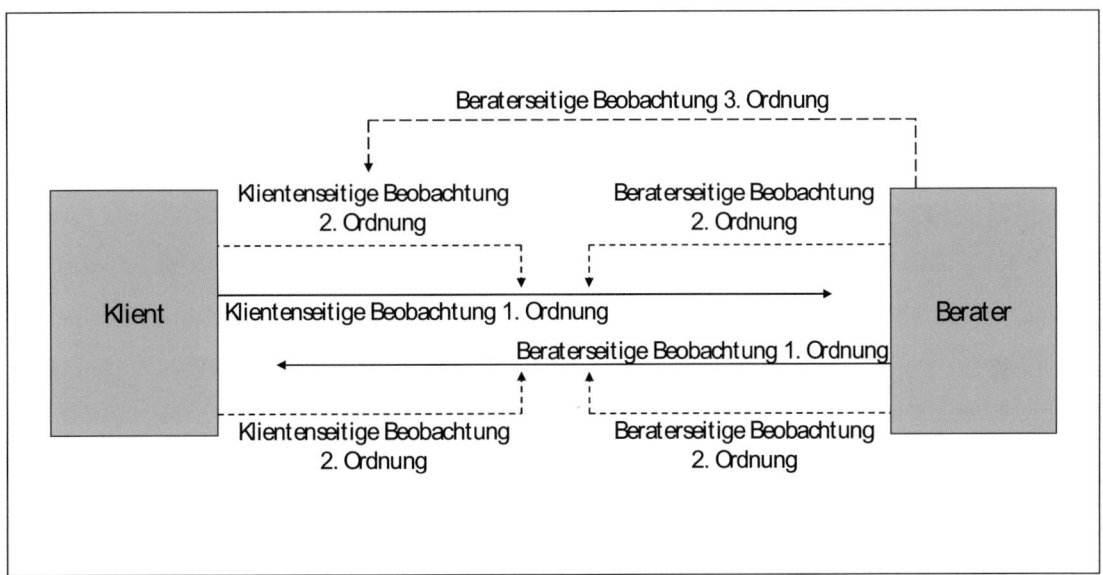

Abb. 3-2:   *Beobachtungen 1., 2. und 3. Ordnung zwischen Klient und Berater (Quelle: modifiziert nach MOHE 2003: S. 308)*

Betrachtet man die Möglichkeiten einer Klientenprofessionalisierung im Rahmen der Thematik des Lernens, scheint hier die sinnvollste Reaktion der Unternehmensberatungen zu sein, diese zu unterstützen. Warum dies der Fall ist, soll anschließend näher erläutert werden.

Wie in Kapitel 2.2.2 unter dem Abschnitt „Vom einfachen zum reflexiven Lernen" erläutert wurde, hat das klassische Lehrer-Schüler-Verhältnis überwiegend ausgedient. Erkennen die Klienten, dass auch sie den Beratern als wichtige Lernquelle dienen, können sie emanzipierter auftreten, und man kann von einem zweiseitigen Lernprozess sprechen. Will ein Klient nun erreichen, dass nicht nur Prozesse des Anpassungslernens, sondern auch des Veränderungslernens und Prozesslernens (reflexives Lernen) aktiviert werden, oder soll erreicht werden, bestehende „theories in use" umzustrukturieren, kann und sollte dies von den Beratern unterstützt werden. Eine andere Alternative steht ihnen auch gar nicht zur Verfügung. Letztlich gilt es, das vorgegebene Problem bestmöglich zu „lösen". Ganz im Sinne der vorgestellten

Kerntugenden von Beratung sollte die Unternehmensberatung auf die Methoden und Empfehlungen setzen, die ihren Klienten am meisten nützen und nicht etwa darauf achten, dass der nächste Folgeauftrag gesichert ist. Wie dies konkret aussehen kann, muss fallspezifisch abgewägt werden. Allgemein kann jedoch festgestellt werden, dass die Beratungen die emanzipierte Stellung der Klienten anerkennen und berücksichtigen sollten. So darf z. B. beim Klienten nie das Gefühl aufkommen, dass er für Ausbildungszwecke missbraucht werde. Dies kann man verhindern, indem Junior-Berater mit geringeren Tagessätzen abgerechnet werden, da sie als Berufsstarter besonders vom Klient als Lernquelle profitieren. Denkbar ist auch, dass Klienten für Junior-Berater spezielle Workshops oder Trainings anbieten, damit diese möglichst schnell die Unternehmenssituation verstehen und als „vollwertige" Arbeitskraft eingesetzt werden können. Dies gilt nicht nur für Junior-Berater. Ebenso können sich erfahrene Berater in die spezifische Situation des Klientenunternehmens besser und schneller einarbeiten, wenn von vornherein geklärt ist, dass auch die Klienten den Beratungsprozess unterstützen müssen und der Lernprozess auf Gegenseitigkeit beruht. Auch hier sind etwaige Workshops bzw. Arbeitsgruppen, an denen Klient und Berater teilnehmen, ein denkbares Vorgehen. Will ein Klient lernoffener werden, um Lernprozesse höherer Ordnung zu erreichen, kann dies durch die Berater gefördert werden, indem z. B. der Projektplan absichtlich relativ offen und flexibel gestaltet wird. Dadurch wird das „Scheuklappenproblem" vermieden. Leider ist es jedoch oft so, dass Klienten einen exakten Zeitplan mit konkreten Maßnahmen vorziehen, da dieser eine gewisse Sicherheit suggeriert.[150]

Bei all dem ist eine aufgeschlossene Kommunikation beider Parteien bezüglich dieses Themas eine wichtige Voraussetzung. Es sollte außerdem Lernen als ein prinzipiell offener Prozess gestaltet sein.[151] Darüber hinaus gilt es für die Berater auch zu berücksichtigen, dass Wissen im Sinne der koevolutionären Wissensgenese stets als neues Wissen reproduziert wird und nicht in unterschiedlichen Kontexten wiedergegeben werden kann. Dies spricht unter anderem gegen den Einsatz von Standardlösungen und unterstreicht die eben gemachten Ausführungen.

---

[150] Vgl. auch MOHE (2003: S. 318 f.).
[151] Vgl. auch PFRIEM (1995: S. 226).

Im Rahmen der Erläuterungen „Von zentraler Steuerung zu dezentraler Kontextsteuerung" in Kapitel 2.2.2 wurde herausgearbeitet, dass eine direkte Steuerung des Beratungssystems nicht möglich ist. Daher wurde auf die dezentrale Kontextsteuerung zurückgegriffen. Die dezentrale Kontextsteuerung ist die Mittelposition der Kontextsteuerung zwischen residualer und direktiver Kontextsteuerung. Sie geht davon aus, dass ein Mindestmaß an Weltsicht bzw. gemeinsamer Orientierung vonnöten ist, welches aber nicht von einer zentralen Einheit vorgegeben werden kann. Die Kontextbedingungen müssen aus dem Diskurs der autonomen Teile gebildet werden, weil Kontexte nicht einfach gegeben sind oder vorgegeben werden können. Vielmehr werden Kontexte im Zusammenspiel der autonomen Akteure organisiert. Das Einwirken auf den Kontext „Beratungssystem" (im engeren Sinne) erfolgt schließlich im Prozess der intersystemischen Abstimmung. Die Klienten und Berater bzw. das Klientensystem und das Beratersystem handeln die Dimensionen des Beratungssystems aus. Dabei werden eine sachliche, soziale, zeitliche und eine räumliche Dimension relevant.[152] Anhand dieser Ausführungen kann man erkennen, dass prinzipiell für Beratungen Ähnliches oder Gleiches gilt wie für Klienten. Um weitere Wiederholungen zu vermeiden, wird nicht noch einmal speziell auf diesen Punkt aus der Perspektive der Unternehmensberatung eingegangen.

Viel interessanter ist es, die Möglichkeit einer Meta-Beratung als Reaktion der Unternehmensberatungen zu analysieren. Dies soll Gegenstand des nächsten Teilkapitels sein.

3.3 Meta-Beratung

Überdenkt man, welche weiteren Folgen bzw. Reaktionen sich aufgrund der Klientenprofessionalisierung für Beratungen ergeben können, kann man auf die Idee der Meta-Beratung als neues Betätigungsfeld für bestehende Unternehmensberatungen kommen.[153] Dies soll hier in diesem Kapitel einer gesonderten Betrachtung unterzogen werden. Hierzu bedarf es zunächst einer Klärung, was Meta-Beratung eigentlich ist, um im Anschluss daran einige Problemfelder näher zu betrachten, die sich im

---

[152] Vgl. auch noch einmal Abbildung 2-12.
[153] Vgl. auch MOHE (2005b: S. 230).

Zusammenhang mit Meta-Beratung ergeben. Letztendlich soll die Frage geklärt werden, inwiefern Meta-Beratung eine geeignete Antwort auf die Klientenprofessionalisierung ist.[154]

Wie weiter oben (Kapitel 2.2.2) schon von Meta-Kommunikation die Rede war (Kommunikation über Kommunikation), kann demnach Meta-Beratung als Beratungs-Beratung definiert werden, die Klienten in Fragen zur Beratung an sich berät. Oder mit den Worten von PETZOLD ausgedrückt:

> „Metaconsultants sind auf die Beratung von Beratungsprozessen spezialisiert, sind kritische Gesprächspartner bei der Entwicklung von Konzeptionen oder für das Hinterfragen von Plänen und Strategien, bevor sie umgesetzt werden, oder bei Problemen der Implementierung." (PETZOLD 1998: S. 237)

Das Ziel einer Meta-Beratung liegt im Grunde genommen in der Unterstützung des Klienten bei dem professionellen Umgang mit Beratung. Dies kann beispielsweise im Rahmen einer Optimierung der Auswahl und des Einsatzes von Beratern erfolgen.[155]

Mit MOHE (2005c: S. 288 ff.) kommen Meta-Berater phasenspezifisch (vor, während und nach der Beratung) und phasenübergreifend zum Einsatz. Außerdem kommen unterschiedliche Rollen der Meta-Beratung zur Anwendung, die man grob in eine Expertenrolle und eine Reflexionsrolle untergliedern kann. Die Expertenrolle entspricht der Fachberatung; es wird Fachwissen, Methodenwissen und Erfahrungswissen im Umgang mit Beratung zur Verfügung gestellt. Die Reflexionsrolle hingegen entspricht eher der Prozessberatung und der systemischen Beratung, getreu dem Motto „Hilfe zur Selbsthilfe".[156] Wie Meta-Beratung phasenspezifisch und phasenübergreifend im Einzelnen zum Einsatz kommt, soll hier nicht weiter verfolgt werden. Eine Beschreibung diesbezüglich befindet sich im Anhang (Anhang E-H), getrennt nach phasenspezifischer (Anhang E-G) und phasenübergreifender (Anhang H) Anwendung, und für eine ausführliche Diskussion der Einsatzmöglichkeiten von Meta-Beratung mit Beispielen sei

---

[154] Vgl. im Folgenden – falls nicht anders angegeben – MOHE (2005b: S. 233, 2005c: S. 286 f.).

[155] Demzufolge richtet sich die Meta-Beratung an die Klientenseite. Es ist jedoch auch durchaus denkbar, dass die Meta-Beratung sich durch Betreuung der Berater den Beratern widmet, vgl. hierzu BILLMANN-MAHECHA (1981: S. 156 ff.).

[156] Vgl. ausführlich zu den verschiedenen Beratungsansätzen (Expertenberatung, Prozessberatung und systemischen Beratung) die Literaturangaben in Fußnote 9.

verwiesen auf MOHE (2005c: S. 288 ff.). Im Folgenden soll es nun mehr um die Probleme von Meta-Beratung gehen, und ob man Meta-Beratung letztlich als angemessene Reaktion bestehender Beratungen auf die Klientenprofessionalisierung sehen kann.

Eines der Hauptprobleme dürfte das der *Neutralität bzw. Objektivität* sein. Jede Meta-Beratung ist – genauso wie jede „normale" Beratung[157] – sinnlos, wenn die (Meta-)Berater der Weisungsbefugnis Dritter unterliegen, Kooperationen mit Unternehmensberatungen pflegen oder ähnliches. Daher ist es undenkbar, dass eine bestehende Unternehmensberatung als zusätzliches Betätigungsfeld beispielsweise neben Strategie- und IT-Beratung eine Meta-Beratung aufbaut. Selbst wenn die neu gegründete Abteilung vollständig unabhängig organisiert sein sollte, so wird sie wohl nie den Verdacht ausräumen können, mit den anderen Abteilungen „unter einer Decke zu stecken".

Ein anderes Problem im Zusammenhang mit der Neutralität ergibt sich, wenn überdacht wird, wem die Meta-Beratung in Rechnung gestellt wird: Dem Klienten oder der Beratung, die letztlich den Zuschlag für das betreffende Projekt bekommt? Ein Blick in die Praxis zeigt ein überraschendes Ergebnis: Eine der wenigen bereits existierenden Meta-Beratungen ist die Cardea AG in der Schweiz.[158] Sie hat ein dreistufiges Modell entwickelt, das kurz wiedergeben werden soll. In einer ersten Phase erfasst Cardea gemeinsam mit dem Kunden, was Ziel des Projektes ist respektive die Aufgabe der Beratung. In einem zweiten Schritt werden die Anforderungskriterien an die externen Berater formuliert, und schlussendlich sucht Cardea geeignete Beratungsunternehmen unter Zuhilfenahme einer eigenen Datenbank.[159] Unter Berücksichtigung, wem Cardea die Beratung in Rechnung stellt, nämlich dem vermittelten Beratungsunternehmen, entsteht ein etwas trübes Licht.[160] Instinktiv kommen einem diverse Versicherungsmakler in den Sinn, die ihren Klienten die Versicherung empfehlen, von

---

[157] Vgl. Kapitel 1.1.

[158] Cardea wird hier als Meta-Beratung bezeichnet. Es sei jedoch darauf hingewiesen, dass das Geschäftkonzept von Cardea nicht völlig deckungsgleich ist mit der hier vorgestellten Definition zur Meta-Beratung und bezüglich der beschriebenen Einsatzmöglichkeiten im Anhang E-H.

[159] Vgl. O. V. (2005).

[160] Vgl. auch PIAZZA (2004: S. 12).

der sie sich die meiste Provision versprechen. Dass man dabei nicht von Neutralität sprechen kann, ist selbsterklärend.

Ein weiteres Problem, das sich im Zusammenhang mit Meta-Beratung ergibt, ist die Frage: Wer teilt dem Klienten mit, welche Meta-Beratung die Richtige für sein Unternehmen ist? Demnach bräuchte man auch eine Meta-Meta-Beratung, die dem Klienten bei dieser Entscheidung unterstützend zur Hand geht. Die Problematik liegt darin, dass dieses Spiel endlos fortgesetzt werden könnte.[161]

Betrachtet man nun die einleitende Frage, ob die Meta-Beratung eine angemessene Antwort auf die zunehmende Klientenprofessionalisierung ist, neigt man zunächst dazu, dies unüberlegt zu bejahen. Wer kennt die Beraterbranche besser als die Berater? Erfahrene Berater arbeiten seit Jahren in diesem Metier, kennen die Spielregeln und haben sich ein großes Netzwerk aufgebaut. Nun gilt es jedoch, das Problem der Neutralität zu berücksichtigen. Wie oben erläutert, macht es wenig Sinn, als bestehende Unternehmensberatung ein neues Geschäftsfeld namens „Meta-Beratung" aufzubauen. So gesehen besteht vorwiegend für ehemalige Berater und/oder Klienten die Möglichkeit, eine eigene Unternehmensberatung zu gründen, die sich ausschließlich der Meta-Beratung verpflichtet.[162] Weiter gilt zu beachten, dass diese gewonnene Neutralität nicht durch irgendwie geartete Verflechtungen, Kooperationen oder ähnliches wieder verloren geht. Auch sollte diesbezüglich nicht einmal der Verdacht aufkommen, um zu vermeiden, in ein schlechtes Licht gerückt zu werden.

Zusammenfassend bleibt festzuhalten, dass die Meta-Beratung nur bedingt als Antwort *bestehender* Beratungsfirmen auf die Klientenprofessionalisierung gesehen werden kann. Da vorliegend aus dieser Perspektive argumentiert wird, muss die Möglichkeit eines neuen Betätigungsfeldes für bestehende Beratungsfirmen sogar eher verneint werden. Wie oben jedoch erläutert, besteht freilich durchaus z. B. für ehemalige Berater oder Universitätsprofessoren die Möglichkeit, hier aktiv zu werden.

---

[161] Vgl. auch MOHE (2005c: S. 309).
[162] Einer der Gründer von Cardea war beispielsweise früher Berater bei PricewaterhouseCoopers. Auch denkbar ist, dass „neutrale" Personen hier tätig werden wie etwa Lehrstühle von Universitäten.

Das Thema Meta-Beratung ist an und für sich sowohl in der Praxis als auch in der Wissenschaft ein sehr junges und weitestgehend noch unerforschtes Gebiet. Aus diesem Grund kann man gespannt sein, inwieweit sich dieses neue Betätigungsfeld in Zukunft entwickelt und ob die Meta-Beratung tatsächlich ein „Geschäftsfeld der Zukunft" (GROSS 2000) ist.

Schlussbetrachtung und Ausblick

Mit Rekurs auf die einzelnen Kapitel kann festgehalten werden, dass im Rahmen eines ersten Zugangs zum Untersuchungsgegenstand Unternehmensberatung eine Basis geschaffen wurde (Kapital 1), auf die in den nachfolgenden Kapiteln immer wieder zurückgegriffen werden konnte. Im Übrigen wurde Unternehmensberatung definiert als „probleminduzierte Kooperation".

Das zweite Kapitel widmete sich vollends der Klientenprofessionalisierung. Zunächst wurden einige Indikatoren ermittelt, die für die Notwendigkeit eines professionellen Umgangs mit Beratung sprechen, um daran anschließend verschiedene Strategien der expertenorientierten und reflexiven Klientenprofessionalisierung darzustellen. Schließlich wurde der Versuch unternommen, ein Konzept der Klientenprofessionalisierung zu erarbeiten, das sowohl die einzelnen Strategien der Klientenprofessionalisierung berücksichtigt, als auch mit den Elementen Transparenz, Objektivität und Wirtschaftlichkeit eine übergreifende Orientierungslinie zur Verfügung stellt.

Um herauszufinden, wie Unternehmensberatungen auf die im zweiten Kapitel erarbeiteten Strategien der Klientenprofessionalisierung reagieren können, wurde in Kapitel 3 ein Perspektivenwechsel vorgenommen. Aus Sicht der Unternehmensberatungen konnte zunächst festgestellt werden, dass die Klientenprofessionalisierung auch für die Beratungen einen Nutzen darstellt. Darauf aufbauend wurde als eine Reaktionsmöglichkeit der Consultingfirmen die Konzentration auf die Kerntugenden guter Beratung herausgearbeitet. Außerdem ergaben sich interessante Ergebnisse hinsichtlich der Reaktionsstrategien der Unternehmensberatungen auf die reflexive Professionalisierung, da diese nicht nur den Klienten zur Verfügung steht, sondern grundsätzlich den Beratungen genauso bekannt ist. Letztlich wurde die Möglichkeit einer Meta-Beratung als neues Betätigungsfeld für bestehende Beratungsfirmen als Antwort auf die Klientenprofessionalisierung wegen möglichen Neutralitätsproblemen abgelehnt.

Dies soll jedoch nicht bedeuten, dass hier die Meta-Beratung generell abgelehnt wird. Ganz im Gegenteil: Die Meta-Beratung stellt ein viel versprechendes Betätigungsfeld im Rahmen der Beraterbranche dar. Es bleibt abzuwarten, wie sich die Entwicklung von

Meta-Beratungen fortsetzen wird bzw. ob sich selbige am Markt durchsetzen können. Da dies ein relativ neues Forschungsgebiet ist, bietet dieses Thema auch eine Fülle an (noch) unbearbeiteten Fragestellungen. So ist es beispielsweise interessant, zu untersuchen, wie genau Meta-Beratung den Beratungsprozess unterstützen kann und/oder welche Stellung sie zwischen Klient und Unternehmensberater beziehungsweise innerhalb der Beraterbranche einnehmen kann.

Ähnliches gilt für Reaktionsstrategien der Berater auf die Klientenprofessionalisierung. Aufgrund der Tatsache, dass darüber noch keine Literatur existiert, wurde im Rahmen des vorliegenden Buches ein erster Versuch unternommen, unterschiedliche Reaktionsmöglichkeiten erstmalig zu beschreiben. Es wäre wünschenswert, wenn hieran weitere Arbeiten anknüpfen, wobei zum Beispiel eine Diskussion verschiedener Szenarien möglicher Reaktionsstrategien denkbar wäre.

Das Thema der Klientenprofessionalisierung und die sich daraus ergebenden Implikationen sind noch in der Entstehungsphase der wissenschaftlichen Diskussion, und man darf gespannt sein, welche weiterführende Beiträge hierzu in Zukunft verfasst werden und welche Entwicklung sich in der Praxis abzeichnen wird.

Anhang

Merkmal	Ausprägung	Beschreibung
Organisatorische Verankerung[163]	Institutionalisierung	Buying Center auf Dauer
	Projekt-/Arbeitsgruppe	Buying Center für begrenzten Zeitraum
	Informelle Gruppe	Inoffizielles Buying Center
Hierarchische Stellung[164]	Geschäftsleitung	Entscheidungsverantwortlichkeit für die Beschaffung von Beratung
	Bereichsleitung	
	Fachabteilungsleitung	
	Sonstige Mitarbeiter	
Rollenkonzept[165]	Initiator	Geben Anstoß für Beratung
	Buyer	Formale Einkäufer
	User	Bedarfsträger
	Influencer	Beeinflussen die Kaufentscheidung
	Decider	Treffen Kaufentscheidung
	Gatekeeper	Vorentscheider durch Informationssammlung und -selektion
Promotoren-konzept[166]	Prozesspromotor	Widerstände des „Nicht-Dürfens" überwinden
	Fachpromotor	Widerstände des „Nicht-Wissens" überwinden
	Machtpromotor	Widerstände des „Nicht-Wollens" überwinden
	Initiierungspromotoren	Leiten Problemlösungsprozess ein, Problemsensoren und Prozessinitiatoren
	Initiierungsopponenten	Problemverweigerer und Prozessopponenten
Informationssuch-verhalten[167]	Literarisch-wissenschaftlich	Urteilsbildung mit Hilfe von schriftlichen Informationen
	Objektiv-wertend	Informationsmaterial wird möglichst objektiv bewertet
	Sponatan, passiv	Informationen werden zufällig, reagierend wahrgenommen
Informationsver-arbeitungstypen[168]	Fakten-Reagierer	Beurteilung aufbauend auf Fakten des Produktes
	Image-Reagierer	Beurteilung aufbauend auf dem Image des Produktes/Anbieters
	Risikoneutraler Typ	Mutationen aus Fakten- und Image-Reagierer
Entscheidungstyp[169]	Entscheidungsorientiert	Bevorzugt werden prägnante Informationen
	Faktenorientiert	Bevorzugt werden ausführliche und sachliche Informationen
	Sicherheitsorientiert	Risiko vermeiden, möglichst umfassende Information

Anhang A: Merkmale, Ausprägungen und Beschreibungen zur Typologisierung von Buying-Centern (Quelle: modifiziert nach MOHE 2003: S. 203)

---

[163] Vgl. KOHR (2000: S. 216 f.).

[164] Vgl. KOHR (2000: S. 217).

[165] Vgl. WEBSTER/WIND (1972: S. 77 ff.) und BONOMA (1982: S. 113).

[166] Vgl. WITTE (1973: S. 17 f.), HAUSCHILDT/CHAKRABARTI (1988: 378 ff.), KIRSCH (2001: S. 387 ff.) und speziell zu den Initiierungspromotoren und – opponenten HAFNER/REINEKE (1992: S. 50 ff).

[167] Vgl. STROTHMANN (1979: S. 91 ff.).

[168] Vgl. STROTHMANN (1979: S. 99 f.).

[169] Vgl. STROTHMANN (1988: S. 13).

Merkmal	Ausprägung					
Organisatorische Verankerung	Institutionalisierung		Projekt-/Arbeitsgruppe		Informelle Gruppe	
Hierarchische Stellung	Geschäftsleitung	Bereichsleitung		Fachabteilungs-leitung		Sonstige Mitarbeiter
Rollenkonzept	Initiator	User	Influencer	Buyer	Decider	Gatekeeper
Promotoren-konzept	(Initiierungs-)Promotoren				(Initiierungs-)Opponenten	
	Prozesspromotor	Fachpromotor		Macht-promotor	Problem-verweigerer	Prozess-opponent
Informations-suchverhalten	Literarisch-wissenschaftlicher Typ		Objektiv-wertender Typ		Spontaner, passiver Typ	
Informations-verarbeitungstyp	Fakten-Reagierer		Image-Reagierer		Risikoneutraler Typ	
Entscheidungs-typ	Entscheidungsorientierter Typ		Faktenorientierter Typ		Sicherheitsorientierter Typ	

Anhang B: Morphologischer Kasten zur Typologisierung von Buying-Centern (Quelle: MOHE 2003: S. 203)

Merkmal	Ausprägung	Beschreibung
Gründungsformen[170]	Neugründung	Grüne-Wiese-Ansatz, ggf. unterstützt durch externe Beratung
	Transformation von Stabs-, Linien- und Serviceeinheiten	Weiterentwicklung bestehender Stabs-, Linien- und Serviceeinheiten
	Institutionalisierung von Projektteams	Zunächst auf Zeit angelegte Projektteams werden beibehalten und als interne Beratung institutionalisiert
	Kauf/Übernahme eine Unternehmensberatung	Vertikale Integration und Eingliederung einer bereits bestehenden Beratungsfirma mittels Kauf/Übernahme
Organisatorische Einbindung[171]	Stabstelle	Meist hierarchisch, auf spezifischen Bereich konzentriert
	Dienstleistungsstelle	Nicht auf spezifischen Bereich konzentriert, für alle Geschäftseinheiten „offen"
	Eigenständiger Geschäftsbereich	Eigene Rechtsform, meist GmbH, für alle Geschäftseinheiten „offen"
	Quasi-eigenständiger Geschäftsbereich	Unselbständiger Geschäftsbereich in einer rechtlich selbständige Tochtergesellschaft
Organisationsgrad[172]	Zentral	Beratungsaufgaben in einer organisatorischen Einheit
	Dezentral	Beratungsaufgaben in mehreren organisatorischen Einheiten
	Zentral-dezentral	Mischform: eine zentrale organisatorische Einheit arbeitet bei bestimmten Beratungsaufgaben mit dezentral organisierten Einheiten zusammen
Verrechnungsform[173]	Kostenlos	Unentgeltliche Beratung, Kosten werden als Gemeinkosten behandelt
	Kostendeckend	Verursachergerechte Verteilung der Beratungskosten
	Kombination	Interne Beratung besitzt beschränktes Budget und Beratungskosten können an Klienten weitergegeben werden
Auftraggeber[174]	Top-Management	Vorstand-/Geschäftsleitungsebene
	Middle-Management	Zweite Führungsebene, z.B. Geschäftsbereichsleiter
	Lower-Management	Verbindungsstelle zu den operativ tätigen Mitarbeitern
Regionale Ausdehnung[175]	Lokal	Orts- und regionalbezogen am Stammsitz
	National	Landesweit
	International	Grenzüberschreitende Beratung
	Global	Weltweite Beratung
Beratungsansätze[176]	Inhaltsberatung	Gutachten-, Expertenberatung

---

[170] Vgl. HOYER (1998: S. 55 ff.).

[171] Vgl. KLANKE (1992: S. 105 ff.), BLUNCK (1983: S. 196 ff.), HOYER (2000: S. 67).

[172] Vgl. BLUNK (1983: S. 190 ff.).

[173] Vgl. BLUNK (1983: S. 288 f.), KLANKE (1992: S. 108 ff.).

[174] Vgl. KELLEY (1981: S. 84), HOYER (2000: S. 59).

[175] Vgl. MEURER (1993: S. 128).

[176] Vgl. die angegeben Literatur in Fußnote 9.

Merkmal	Ausprägung	Beschreibung
	Prozessberatung	Organisationsentwicklung (Hilfe zur Selbsthilfe), systemische Beratung (Prozessbeobachtung und Auslösen von Irritationen, die neue Wahrnehmungsmuster anregen)
	Kombination	Integration von Inhalts- und Prozessberatung
Marktliche Ausrichtung (gemessen am Klientenanteil)	Ausschließlich intern	100 Prozent interne Klienten
	Vorwiegend intern	80 Prozent interne, 20 Prozent externe Klienten
	Intern und extern	50 Prozent interne, 50 Prozent externe Klienten
	Vorwiegend extern	Über 50 Prozent externe Klienten

Anhang C: Merkmale, Ausprägungen und Beschreibungen zur Typologisierung von interner Beratung (Quelle: modifiziert nach MOHE 2003: S. 337)

Merkmal	Ausprägung			
Gründungsformen	Neugründung	Akquisition	Transformation	Institutionalisierung
Organisatorische Einbindung	Stabstelle	Dienstleistungsstelle	Eigenständiger Geschäftsbereich	Quasi-eigenständiger Geschäftsbereich
Organisationsgrad	Zentral	Dezentral		Zentral-dezentral
Verrechnungsform	Kostenlos	Kostendeckend	Kostenlos/ kostendeckend	gewinnorientiert
Auftraggeber	Top-Management	Middle-Management		Lower-Management
Regionale Ausdehnung	Lokal	National	International	Global
Beratungsansätze	Inhaltsberatung	Prozessberatung		Inhalts- und Prozessberatung
Marktliche Ausrichtung	Ausschließlich intern	Vorwiegend intern	Intern und extern	Vorwiegend extern

Anhang D: *Morphologischer Kasten zur Typologisierung interner Beratung (Quelle: modifiziert nach MOHE 2002: S. 337)*

Rolle/Prozess-schritt	Problemdefinition	Planung des Beratungseinsatzes	Beraterauswahl	Vertrags-verhandlungen
Expertenrolle	Moderation von Problemdefinitions-workshops	Optimierung des administrativen Prozesses Unterstützung bei der Risikoanalyse	Bereitstellung von Informationen zu Beratungsmarkt, -anbietern und –trends Design von Auswahlverfahren Moderation der Auswahl Abwicklung des Matching-Prozesses	Bereitstellung von Informationen zum Vertragsrecht, Haftungsfragen Entwicklung von Rahmenverträgen Optimierung von Beraterverträgen Klärung von Haftungsfragen Regelung für Vertragsauflösung
Reflexionsrolle	Wie wird das Problem von wem definiert? Kann sich das Problem auch anders darstellen? Wem nutzt das Problem?		Welcher Berater wird warum und von wem ausgewählt? Wird mehr auf soziale oder auf fachliche Kompetenzen geachtet?	

Anhang E: Einsatzfelder der Meta-Beratung vor der Beratung (Quelle: modifiziert nach MOHE 2005c: S. 291)

Rolle/Prozess-schritt	Projektstaffing, -Lead und Teamentwicklung	Projektdurchführung
Expertenrolle	Unterstützung der Teamauswahl Durchführung von Teamentwicklungsmaßnahmen	Bereitstellung von Projektmanagement-Tools Erstellung von Projektplänen Projekt-Coaching
Reflexionsrolle	Wer wählt welche Teammitglieder aus welchen Motiven aus? Was sind die individuellen Ziele der Teammitglieder?	Wie wird von wem und warum interveniert? Auf welchen Annahmen basieren die Interventionen? Was wird durch sie ausgelöst?

Anhang F: Einsatzfelder der Meta-Beratung während der Beratung (Quelle: modifiziert nach MOHE 2005c: S. 294)

Rolle/Prozess-schritt	Projektevaluation	Projektabschluss
Expertenrolle	Entwicklung eines Bewertungsbogens Evaluation der Beratungsprojekte Durchführung eines Beratungscontrollings	Design und Durchführung von Feedback-runden und Abschlussgesprächen Erhebung von Lessons learned
Reflexionsrolle	Wer evaluiert und nach welchen Kriterien? Wird das Beratungsergebnis oder die Beziehungsebene evaluiert?	Was hat der Klient über sich als Akteur in der Beratung gelernt? Welche Lernchancen hat ihm die Beratung geboten?

Anhang G: *Einsatzfelder der Meta-Beratung nach der Beratung (Quelle: modifiziert nach* MOHE *2005c: S. 296)*

Rolle/Phase	Phasenübergreifend
Expertenrolle	Laufende Bestandsaufnahme der internen Beratungslandschaft
	Entwicklung von Organisationsregeln für das Beratungsmanagement
	Entwicklung einer Consulting Infobase
	Entwicklung eines Beratungshandbuchs
	Entwicklung eines Consulting Scorecard
Reflexionsrolle	Wie wird mit Beratung im Unternehmen umgegangen?
	Ist das Unternehmen eher beratungsfreundlich oder eher beratungsfeindlich eingestellt?
	Wie charakterisiert sich der „optimale Berater" aus Sicht der Klienten?
	Wieso funktioniert Beratung, wenn sie funktioniert?
	Was funktioniert nicht in Beratungsprojekten und was könnte besser laufen?
	Was sind die Lessons learned aus bereits durchgeführten Beratungsprojekten?

Anhang H: Phasenübergreifende Einsatzmöglichkeiten der Meta-Beratung (Quelle: modifiziert nach MOHE 2005c: S. 298)

Literaturverzeichnis

AHLEMEYER, H. W./KÖNIGSWIESER, R. (Hrsg., 1997), Komplexität managen: Strategien, Konzepte und Fallbeispiele, Frankfurt a. M./Wiesbaden 1997

ALLANSON, P. (1985), Interne Beratung – Strukturen, Formen, Arbeitsweisen, St. Gallen 1985

ALTHAUS, S. (1994), Unternehmensberatung – Gestaltungsvorschläge zur Steigerung der Effizienz des Beratungsprozesses, St. Gallen 1994

AMMANN, C./BARD, T. (2002), Der Kunde wird zum König: Professioneller Einsatz von Beratern, in: Sonderbeilage der Neuen Züricher Zeitung, 25.06.02, S. 7

ARGYRIS, C. (1977), Double Loop Learning in Organizations, in: Harvard Business Review, 10/11, 1977, S. 115-125

ARGYRIS, C. (1993), On organizational learning, Cambrige/Oxford1993

ARGYRIS, C. (2000), Flawed Advice and the Management Trap: How Managers can know when they're getting good advice and when they're not, Oxford 2000

ARGYRIS, C./SCHÖN, D. A. (1978), Organizational Learning: A Theory of Action Perspective, Reading Mass. (Addison-Wesley) 1978

ARGYRIS, C./SCHÖN, D. A. (1999), Die lernende Organisation: Grundlage, Methode, Praxis, Stuttgart 1999

ARMBRÜSTER, T./KIESER, A. (2001), Unternehmensberatung – Analysen einer Wachstumsbranche, in: Die Betriebswirtschaft, 61. Jg., H. 6, 2001, S. 688-709

BACKHAUS, K. (1992), Investitionsgütermarketing, 3. überarbeitete Auflage, München 1992

BAECKER, D. (1993), Die Form des Unternehmens, Frankfurt a. M. 1993

BAKER, W. E./FAULKNER, R. R. (1991), Strategies for Managing Suppliers of Professional Services, in: California Management Review, Vol. 33, No. 4, 1991, S. 33-45

BARDMANN, T. M./GROTH, T. (Hrsg., 2001), Zirkuläre Positionen III: Organisation, Management und Beratung, Wiesbaden 2001

BARTLING (1985), Die Unternehmensberatung als externe Stabsstelle des Managements. Eine Untersuchung der Funktionen und Bedeutung der Unternehmensberatung unter besonderer Berücksichtigung ihrer Relevanz für Klein- und Mittelunternehmen, Frankfurt a. M. 1985

BATESON, G. (1983), Ökologie des Geistes: Anthropologische, psychologische, biologische und epistemologische Perspektiven ,6. Auflage, Frankfurt a. M. 1983

BEA, F. X./DICHTL, E./SCHWEITZER, M. (Hrsg., 1997), Allgemeine Betriebswirtschaftslehre, Band 2: Führung, 7., überarbeitete Auflage, Stuttgart 1997

BERGER, R. (1985), Vorteile des Einsatzes eines externen Beraters, in: MEYER, C. W. (Hrsg., 1985), Handbuch Revision, Controlling, Consulting, 1978, 11. Nachlieferung, 1985, Nr. 19, S. 1-11

BERGMANN, J. (2002), Schlaumeier wie wir, in: Brand Eins, H. 4, 2002, S. 18-22

BILLMANN-MAHECHA E. (1981), Metaberatung, in: KAISER, H. J./SEEL, H.-J. (Hrsg., 1981), Sozialwissenschaft als Dialog: Die methodischen Prinzipien der Beratungsforschung, Beltz/Weinheim 1981, S. 156-161

BINNEWIES, S. (2002), Strategisches Management professioneller Dienstleistungen am Beispiel der Unternehmensberatung, Göttingen 2002

BLUNCK, T. (1983), Funktionen und Gestaltung institutionalisierter interner Beratung, Bern et. al. 1983

BONOMA, T. V. (1982), Major Sales: Who really does the Buying? in: Harvard Business Review, Vol. 60, No. 2, 1982, S. 111-119

BOOS, F./HEITGER, B. (Hrsg., 2005), Wertschöpfung im Unternehmen. Wie innovative interne Dienstleister die Wettbewerbsfähigkeit steigern, Wiesbaden 2005

BOUTELLIER, R./WAGNER, S. M. (Hrsg., 2005), Chancen nutzen, Risiken Managen, Herausforderungen für die Beschaffung und das Supply Chain Management, SVME-Schriftenreihe zur Materialwirtschaft Band 14, Verlag SVME, Aarau 2005

BREIDENSTEIN, F./HAFEMANN, M./LUKAS, A./STECKER, O. A. (Hrsg., 2000), Consulting für Deutschland 2000: Jahrbuch für Unternehmensberatungen und Management, Frankfurt a. M. 2000

BUDAY, R. (2003), A Consultant's Comeuppance, in: Harvard Business Manager Review, February 2003, S. 26-35

BULLINGER, H.-J./WARNECKE, H.-J. (Hrsg., 1996), Neue Organisationsformen im Unternehmen: ein Handbuch für das moderne Management, Berlin et al. 1996

BYRNE, J. A. (2002), Inside McKinsey, in: Business Week, 08.07.2002, S. 54-62

BYRNE, J. A./MC WILLIAMS, G. (1993), The McKinsey Mystic, in: Business Week, 20.09.1993, S. 36-41

CLARK, T. (1995), Managing Consultancy as the Management of Impressions, Buckingham 1995

COENENBERG, A. G./SALFELD, R. (2003), Wertorientierte Unternehmensführung. Vom Strategieentwurf zur Implementierung, Stuttgart 2003

CZERNIAWSKA, F./MAY, P. (2004), Management Consulting in Practice, London/Sterling 2004

DÄFLER, M.-N. (1998), Franchising in der Unternehmensberatung: eine institutionenökonomische Analyse, Würzburg 1998

DAWES, P. C./DOWLING, G. R./PATTERSON, P. G. (1992), Criteria used to select Management Consultants, in: Industrial Marketing Management, No. 21, 1992, S. 187-193

DEUTSCHMANN, C. (1994), Unternehmensberatung: Eine neue Elite, in: GDI Impuls, H. 1, 1994, S. 15-22

DICHTL, M. (1998), Standardisierung von Beratungsleistungen, Wiesbaden 1998

DIEKHOF, R. (2002), Schwieriger Drahtseilakt bei Roland Berger, in: Consulting, Sonderbeilage der Financial Times Deutschland, 19.02.02, S. 5

EFFENBERGER, J. (1998), Erfolgsfaktoren der Strategieberatung – Die Analyse einer Leistung von Unternehmensberatern aus Klientensicht, Stuttgart 1998

ELFGEN, R. (1988), Organisationsberatung in mittelständischen Unternehmen, Köln 1988

ELFGEN, R. (1991), Systemische und kognitionstheoretische Perspektiven der Unternehmensberatung, in: HOFMANN, M. (Hrsg., 1991), Theorie und Praxis der Unternehmensberatung. Bestandsaufnahme und Entwicklungsperspektiven, Heidelberg 1991, S. 281-308

ELFGEN, R./KLAILE, B. (1987), Unternehmensberatung. Angebot, Nachfrage, Zusammenarbeit, Stuttgart 1987

ELLEBRACHT, H./LENZ, G./OSTERHOLD, G./SCHÄFER, H. (2003), Systemische Organisations- und Unternehmensberatung. Praxishandbuch für Berater und Führungskräfte, 2. Auflage, Wiesbaden 2003

ERDÖD, P., GRAF PALFFY VON (1984), Der Einsatz von Unternehmensberatern – Eine empirische Analyse der Unternehmensberatertätigkeit in Industrieunternehmen, Augsburg 1984

ERNST, B. (2002), Die Evaluation von Beratungsleistungen – Prozesse der Wahrnehmung und Bewertung, Mannheim 2002

ESCHBACH, T. H. (1984), Der Ausgleich funktionaler Defizite des wirtschaftlichen Systems durch die Unternehmensberatung – eine soziologische Analyse, Frankfurt a. M. et al. 1984

EXNER, A./KÖNIGESWIESER, R./TITSCHER, S. (1987), Unternehmensberatung – systemisch, in: Die Betriebswirtschaft, 47. Jg., H. 3, 1987, S. 265-284

FAUST, M. (1998), Die Selbstverständlichkeit der Unternehmensberatung, in: HOWALDT, J./KOPP, R. (Hrsg., 1998), Sozialwissenschaftliche Organisationsberatung – Auf der Suche nach einem spezifischen Beratungsverständnis, Berlin 1998, S. 147-181

FAUST, M. (2000), Warum boomt die Managementberatung? – und warum nicht zu allen Zeiten und überall, in: SOFI-Mitteilungen, Nr. 28, Juli 2000, S. 59-85

FEMERS, S. (2002), Beratungsmarkt und Beratungstheorie – Eine Bestandsaufnahme, in: GÜTTLER, A./KLEWES, J. (Hrsg., 2002), Drama Beratung! – Consulting oder Consultainment, Frankfurt a. M. 2002, S. 21-34

FINK, D. (2003), Eine kleine Geschichte der Managementberatung, in: FINK, D. (Hrsg., 2003), Management Consulting Fieldbock, 2. Auflage, München 2003, S. 3-24

FINK, D. (Hrsg., 2003), Management Consulting Fieldbock, 2. Auflage, München 2003

FOERSTER, H., VON (1985), Sicht und Einsicht. Versuche zu einer operativen Erkenntnistheorie, Braunschweig, Wiesbaden 1985

FREIMANN, J./HILDEBRANDT, E. (Hrsg., 1995), Praxis der betrieblichen Umweltpolitik – Forschungsergebnisse und Perspektiven, Wiesbaden 1995

FRIEDRICH VON DEN EICHEN, S. A./STAHL, H. K. (2004), Die Rollen der Berater, in: SOMMERLATTE, T./MIROW, M./NIEDEREICHHOLZ, C./ WINDAU, P. G., VON (Hrsg., 2004), Handbuch der Unternehmensberatung. Organisationen führen und entwickeln, Berlin 2004, Eintrag 1500, S. 1-11

FRITZ, W./EFFENBERGER, J. (2002), Strategische Unternehmensberatung – Verlauf und Erfolg von Projekten der Strategieberatung, Wiesbaden 2002

GEIßLER, H. (Hrsg., 1995), Organisationslernen und Weiterbildung: die strategische Antwort auf die Herausforderungen der Zukunft, Neuwied et al. 1995

GERHARDS, J./ HITZLER, R. (Hrsg., 1999), Eigenwilligkeit und Rationalität sozialer Prozesse, Festschrift zum 65. Geburtstag von Friedhelm Neidhardt, Wiesbaden 1999

GLAGOW, M. (Hrsg., 1984), Gesellschaftssteuerung zwischen Korporatismus und Subsidiarität, Bielefeld 1984

GLASER, H./SCHRÖDER E. F./WERDER, A., VON (Hrsg., 1998), Organisation im Wandel der Märkte, Wiesbaden 1998

GRASS, B./EBEL, B. (2000), Studie Inhouse Consulting, Teil 1 (Beratung durch Kollegen), Teil 2 (Best Practices in Unternehmensberatungen), Teil 3 (Inhouse Consulting – Gefahr für die Branche?), in: BREIDENSTEIN, F./HAFEMANN, M./LUKAS, A./STECKER, O. A. (Hrsg., 2000), Consulting für Deutschland 2000: Jahrbuch für Unternehmensberatungen und Management, Frankfurt a. M. 2000, S. 34-44

GREIF, S. (1983), Konzepte der Organisationspsychologie – eine Einführung in grundlegende theoretische Ansätze, Bern et al. 1983

GROCHLA, E./WITTMANN, W. (Hrsg., 1976), Handwörterbuch der Betriebswirtschaft, Band 3, 4. völlig neu gestaltete Auflage, Stuttgart 1976

GROSS, P. (2000), Das Ende der Gewissheiten – in Wirtschaft und Gesellschaft. Vortrag beim Kanti-Forum 2000 zum Thema „Der Zeitgeist heißt Tempo – Vom Leben in beschleunigter Gesellschaft", Universität St. Gallen 2000, abrufbar unter: http://www.ksluzern.ch/diversicum/archiv/kantiforum2000/Vortrag_Gross.htm (Zugriff vom 27.09.2005)

GROSS, P./BRÜGGER, U. (1992), Management-Consulting und Professionalisierung, Forschungsberichte des Soziologischen Seminars der Hochschule St. Gallen 2/1992, St. Gallen 1992

GROTH. T. (2001), Organisationen als Resultat menschlicher Aktivitäten, nicht menschlicher Absichten, in: BARDMANN, T. M./GROTH, T. (Hrsg., 2001), Zirkuläre Positionen III: Organisation, Management und Beratung, Wiesbaden 2001, S. 166-172

GRUBER, W./JANOTTA, U. (2003), Benchmarking im Projektmanagement, München 2003

GÜTTLER, A./KLEWES, J. (Hrsg., 2002), Drama Beratung! – Consulting oder Consultainment, Frankfurt a. M. 2002

HAFNER, K./REINEKE, R.-D. (1992), Beratung und Führung von Organisationen, in: WAGNER, H./REINEKE, R.-D. (Hrsg., 1992), Beratung von Organisationen: Philosophien – Konzepte – Entwicklungen, Wiesbaden 1992, S. 29-77

HAGENMEYER, U. (2004), Integre Unternehmensberatung. Professioneller Rat jenseits rein betriebswirtschaftlicher Logik, Bern et al. 2004

HÄNSEL, M. (2002), Intuition als Beratungskompetenz in Organisationen – Untersuchung der Entwicklung innovativer Kompetenzen im Bereich systemischer Organisationsberatung, Heidelberg 2002

HÄNSEL, M./ZEUCH, J./SCHWEITZER, J. (2002), Erfolgsfaktor Intuition: Geistesblitze in Organisationen, in: Organisationsentwicklung, 21. Jg., Nr. 1, 2002, S. 40-51

HAUSCHILDT, J./CHAKRABARTI, A. K. (1988), Arbeitsteilung im Innovationsmanagement: Forschungsergebnisse – Kriterien und Modelle, in: Zeitschrift für Führung und Organisation, 57. Jg., H. 6, 1988, S. 378-388

HEBESTREIT, M. (2002), Berater rechnen mit strapaziösem Jahr. Der Ausbau des Dienstleistungsspektrums gilt branchenweit als Mittel der Wahl, um der Konjunkturflaute zu begegnen, in: Consulting, Sonderbeilage der Financial Times Deutschland, 19.02.02, S. 1

HILL, R./HILLIER, T. (1977), Organizational Buying Behaviour, London/Basingstoke 1977

HILLEMANNS, R. M. (1995), Kritische Erfolgsfaktoren der Unternehmensberatung, Bamberg 1995

HIRN, W./STUDENT, D. (2001), Gewinner ohne Glanz, in: Manager Magazin, H. 7, 2001, S. 49-61

HÖCK, M/KEUPER, F. (2001), Empirische Untersuchung zur Auswahl und Kompetenz von Beratungsgesellschaften, in: Die Betriebswirtschaft, 61. Jg., H. 4, 2001, S. 427-441

HOFFMANN, W. H. (1991), Faktoren erfolgreicher Unternehmensberatung, Wiesbaden 1991

HOFMANN, M. (Hrsg., 1991), Theorie und Praxis der Unternehmensberatung. Bestandsaufnahme und Entwicklungsperspektiven, Heidelberg 1991

95

HOFMANN, M./ROSENSTIEHL, L., VON/ZAPOTOCZKY, K. (Hrsg., 1991), Die soziokulturellen Rahmenbedingungen für Unternehmensberater, Stuttgart et. al. 1991

HORVÁTH, P./KRALJ, D. (2003), Die Vergütung von Beratungsleistungen – Eine Koordinationsaufgabe für Personal- und Preismanagement, in: SPECK, D./WAGNER, D. (Hrsg., 2003), Personalmanagement im Wandel: Vom Dienstleister zum Businesspartner, Wiesbaden 2003, S. 75-104

HOWALDT, J./KOPP, R. (Hrsg., 1998), Sozialwissenschaftliche Organisationsberatung – Auf der Suche nach einem spezifischen Selbstverständnis, Berlin 1998

HOYER, H. (1998), Strategic Issues of Major Business Cooperation on Establishing Permanent Internal Consulting Services – An Investigation into Different Companies' Approaches, Rudelzhausen 1998

HOYER, H. (2000), Internes Consulting in Deutschland – Ergebnisse einer Marktuntersuchung, in: NIEDEREICHHOLZ, C. (Hrsg., 2000), Internes Consulting: Grundlagen – Praxisbeispiele – Spezialthemen, Wien 2000, S. 55-81

JAECK, J. (1984), Morphologie, in: Management-Enzyklopädie: Das Managementwissen unserer Zeit, Band 7, 2. Auflage, Landsberg am Lech 1984, S. 52-60

KAAS, K. P./SCHADE, C. (1995), Unternehmensberater im Wettbewerb. Eine empirische Untersuchung aus der Perspektive der Neuen Institutionslehre, in: Zeitschrift für Betriebswirtschaft, 65. Jg., H. 10, 1995, S. 1067-1089

KAISER, H. J./SEEL, H.-J. (Hrsg., 1981), Sozialwissenschaft als Dialog: Die methodischen Prinzipien der Beratungsforschung, Beltz/Weinheim 1981

KELLEY, R. E. (1981), Mehr Erfolg durch interne Beratung? in: Harvard Manager, H. 1, 1981, S. 74-84

KIENBAUM, G./MEISSNER, D. (1979), Zur Problematik des Effizienznachweises von Beratung, in: Betriebswirtschaftliche Forschung und Praxis, H. 31, 1979, S. 109-116

KIESER, A. (1998a), Unternehmensberater – Händler in Problemen, Praktiken und Sinn, in: GLASER, H./SCHRÖDER E. F./WERDER, A., VON (Hrsg., 1998), Organisation im Wandel der Märkte, Wiesbaden 1998, S. 191-225

KIESER, A. (1998b), Immer mehr Geld für Unternehmensberatung – und wofür?, in: Organisationsentwicklung, Nr. 2, 1998, S. 62-69

KIPPING, M. (1996), Management Consultancies in Germany, Britain and France, 1900-60. An Evolutionary and Institutional Perspective, Discussion Paper in Economics and Management, Series A, Vol. IX, No. 350, Whiteknights 1996

KIRSCH, W. (2001), Die Führung von Unternehmen, 2. Auflage, München 2001

KIRSCH, W./RINGSLETTER, M. (1995), Die Professionalisierung und Rationalisierung der Führung von Unternehmen, in: GEIßLER, H. (Hrsg., 1995), Organisationslernen und Weiterbildung: die strategische Antwort auf die Herausforderungen der Zukunft, Neuwied et al., 1995, S. 220-249

KLANKE, B. (1992), Interne Beratung, in: WAGNER, H./REINEKE, R.-D. (Hrsg., 1992), Beratung von Organisationen: Philosophien – Konzepte – Entwicklungen, Wiesbaden 1992, S. 101-129

KLEIN, H. (1978), Zur Messung des Beratungserfolges, in: Zeitschrift für Organisation, H. 2, 1978, S. 105-110

KLEIN, L. (2002a), Beyond Corporate Consulting – Vier Optionen zur Zukunft interner Beratung am Beispiel der DaimlerChrysler AG, in: MOHE, M/HEINECKE, H. J./PFRIEM, R. (Hrsg., 2002), Consulting – Problemlösung als Geschäftsmodell. Theorie, Praxis, Markt, Stuttgart 2002, S. 357-376

KLEIN, L. (2002b), Corporate Consulting – Eine Systematische Evaluation interner Beratung, Bielefeld 2002

KNOP, B. (2002), Die Analyse der Zufriedenheit mit der Dienstleistung auf Basis zufriedenheitstheoretischer Erkenntnisse unter Berücksichtigung leistungsspezifischer Besonderheiten – Ein konzeptioneller Ansatz, Bonn 2002

KNÖPFEL, H. (2004), Consulting Governance. Transparente und erfolgreiche Zusammenarbeit zwischen Kunde und Berater, Zürich 2004

KOHLBECK, C. (2001), Zukunftsperspektiven des Beratungsmarktes: Eine Studie zur klassischen und systemischen Beratungsphilosophie, Wiesbaden 2001

KOHLBECK, C. (2002), Die systemische Beratung: Was denken die Klienten? in: MOHE, M./HEINECKE, H. J./PFRIEM, R. (Hrsg., 2002), Consulting – Problemlösung als Geschäftsmodell. Theorie, Praxis, Markt, Stuttgart 2002, S. 41-57

KOHR, J. (2000), Die Auswahl von Unternehmensberatungen: Klientenverhalten - Beratermarketing, München/Mering 2000

KÖNIGSWIESER, R./EXNER, A. (1999), Systemische Integration – Architekturen und Designs für Berater und Veränderungsmanager, 3. Auflage, Stuttgart 1999

KÖPPEN, R. O. (1999), Erfolgsfaktoren von Unternehmensberatungen. Die Nachfolgeregelung in kleinen und mittleren Unternehmen, Wiesbaden 1999

KRAFFT, A./ULRICH, G. (1998), Unternehmensberatung im Wandel? Arbeitspapier des Instituts für Soziologie und Sozialforschung der Carl von Ossietzky Universität Oldenburg, Oldenburg 1998

KREBS, D. (1980), Unternehmensberatung in der Bundesrepublik Deutschland, Bochum 1980

KREMIN-BUCH, B./UNGER, F./WALZ, H. (Hrsg., 2000), Lernende Organisation, 2. Auflage, Sternenfels 2000

KRÖBER, H.-W. (1991), Der Beratungsbegriff in der Fachliteratur, in: HOFMANN, M./ROSENSTIEHL, L., VON/ZAPOTOCZKY, K. (Hrsg., 1991), Die soziokulturellen Rahmenbedingungen für Unternehmensberater, Stuttgart et. al. 1991, S. 1-35

KUBR, M. (1977), Management Consulting: A Guide to the Profession, 3. Auflage, Geneva 1977

KURBJUWEIT, D. (1996), Die Propheten der Effizienz, in: Die Zeit, Nr. 3, 12.01.1996, S. 9-13

KÜRTEN, S. (1998), Was erwarten Sie von Ihrem Berater? in: BDU-Depesche, Nr. 2, 1998

LAMPE, R. (1991), Unternehmensberatung für Klein- und Mittelbetriebe. Analyse der kritischen Erfolgsfaktoren und Gestaltungsempfehlungen, Wien 1991

LEHMANN, H. (1976), Typologie und Morphologie in der Betriebswirtschaft, in: GROCHLA, E./WITTMANN, W. (Hrsg., 1976), Handwörterbuch der Betriebswirtschaft, Band 3, 4. völlig neu gestaltete Auflage, Stuttgart 1976, Sp. 3941-3952

LEIBNER, W./HOLZKÄMPER, V. (2004), Beraterhaftung: Aktuelle Entwicklungen in Gesetzgebung und Rechstsprechung, in: DER BETRIEB, H. 39, 2004, Vol. 57, S. 2087-2092

LINDER, M. (2006 i. V.), Strategische Beratung - eine organisationstheoretische Betrachtung, in Vorbereitung

LIPPITT, G./LIPPITT, R. (1984), Beratung als Prozess. Was Berater und ihre Kunden wissen sollten, Goch 1984

LIPPITT, R./LIPPITT, G. (1977), Der Beratungsprozess in der Praxis. Untersuchung zur Dynamik der Arbeitsbeziehung zwischen Klient und Berater, in: SIEVERS, B. (Hrsg., 1977), Organisationsentwicklung als Problem, Stuttgart 1977, S. 93-115

LUHMANN, N. (1988), Die Wirtschaft der Gesellschaft, Frankfurt a. M., 1988

LUHMANN, N. (1989), Politische Steuerung: Ein Diskussionsbeitrag, in: Politische Vierteljahresschrift, 30. Jg. 1989, H. 1, S. 4-9

LUHMANN, N. (1994), Soziale Systeme: Grundriß einer allgemeinen Theorie, 5. Auflage, Frankfurt a. M., 1994

LUHMANN, N. (1997), Die Kontrolle von Intransparenz, in: AHLEMEYER, H. W./KÖNIGSWIESER, R. (Hrsg., 1997), Komplexität managen: Strategien, Konzepte und Fallbeispiele, Frankfurt a. M., Wiesbaden 1997, S. 51-76

LUHMANN, N. (1998), Die Wissenschaft der Gesellschaft, 3. Auflage, Frankfurt a. M., 1998

LUHMANN, N./BAECKER, D. (Hrsg., 2004), Einführung in die Systemtheorie, 2. Auflage, Heidelberg 2004

MAAßEN, H. (2005), Interne Managementberatung zwischen Baum und Borke?, in: SEIDL, D./KIRSCH, W./LINDER, M. (Hrsg., 2005), Grenzen der Strategieberatung. Eine Gegenüberstellung der Perspektiven von Wissenschaft, Beratung und Klienten, Bern et al. 2005, S. 151-171

MARTENS, H. (2003), Ratlos in eigener Sache, in: Der Spiegel, H. 2, 2003, S. 78-79

MERZ, E. (1996), Einbeziehung externer Berater, in: BULLINGER, H.-J./WARNECKE, H.-J. (Hrsg., 1996), Neue Organisationsformen im Unternehmen: ein Handbuch für das moderne Management, Berlin et al. 1996, S. 1078-1085

MEURER, C. (1993), Strategisches Internationales Marketing für Dienstleistungen. Dargestellt am Beispiel des Management Consulting, Frankfurt a. M. et al. 1993

MEYER, C. W. (Hrsg., 1978), Handbuch Revision, Controlling, Consulting, 1978

MIETHE, C. (2000), Leistung und Vermarktung unterschiedlicher Formen der Unternehmensberatung: Gutachterliche Beratungstätigkeit, Expertenberatung und Organisationsentwicklung, Wiesbaden 2000

MIROW, M./NIEDEREICHHOLZ, C. (2004), Ansätze der Unternehmensberatung, in: SOMMERLATTE, T./MIROW, M./NIEDEREICHHOLZ, C./WINDAU, P. G., VON (Hrsg., 2004), Handbuch der Unternehmensberatung, Organisationen führen und entwickeln, Berlin 2004, Eintrag 1310, S. 1-29

MITCHELL, V.-W. (1994), Problems and Risks in the Purchasing of Consultancy Services, in: The Service Industries Journal, Vol. 14, No. 3, S. 315-339

MOHE, M. (2002), Inhouse Consulting: Gestern, heute – und morgen?, in: MOHE, M/HEINECKE, H. J./PFRIEM, R. (Hrsg., 2002), Consulting – Problemlösung als Geschäftsmodell. Theorie, Praxis, Markt, Stuttgart 2002, S. 320-343

MOHE, M. (2003), Klientenprofessionalisierung: Strategien und Perspektiven eines professionellen Umgangs mit Unternehmensberatung, Metropolis/Marburg 2003

MOHE, M. (2005a), Beitrag und Rolle interner Berater, in: BOOS, F./HEITGER, B. (Hrsg., 2005), Wertschöpfung im Unternehmen. Wie innovative interne Dienstleister die Wettbewerbsfähigkeit steigern, Wiesbaden 2005, S. 303-324

MOHE, M. (2005b), Klientenprofessionalisierung – Strategien eines professionellen Umgangs mit Beratung, in: SEIDL, D./KIRSCH, W./LINDER, M. (Hrsg., 2005), Grenzen der Strategieberatung. Eine Gegenüberstellung der Perspektiven von Wissenschaft, Beratung und Klienten, Bern et al. 2005, S. 203-234

MOHE, M. (2005c), Meta-Beratung, in: MOHE, M. (Hrsg., 2005), Innovative Beratungskonzepte. Ansätze, Fallbeispiele, Reflexionen, Leonberg 2005, S. 285-311

MOHE, M. (Hrsg., 2005), Innovative Beratungskonzepte. Ansätze, Fallbeispiele, Reflexionen, Leonberg 2005

MOHE, M./HEINECKE, H. J./PFRIEM, R. (Hrsg., 2002), Consulting – Problemlösung als Geschäftsmodell. Theorie, Praxis, Markt, Stuttgart 2002

MOHE, M./KOLBECK, C. (2003), Klientenprofessionalisierung in Deutschland. Stand des professionellen Umgangs mit Beratung bei deutschen DAX und MDAX-Unternehmen, Oldenburg 2003

MOHE, M./PFRIEM, R. (2002), Where are the Professional Clients? Möglichkeiten zur konzeptionellen Weiterentwicklung von Meta-Beratung, in: MOHE, M/HEINECKE,

H. J./PFRIEM, R. (Hrsg., 2002), Consulting – Problemlösung als Geschäftsmodell. Theorie, Praxis, Markt, Stuttgart 2002, S. 25-40

MÖSLEIN, K. M. (2005), Der Markt für Managementwissen. Wissensgenerierung im Zusammenspiel von Wirtschaftswissenschaft und Wirtschaftspraxis, Wiesbaden 2005

MUGLER, J./LAMPE R. (1987), Betriebswirtschaftliche Beratung von Klein- und Mittelbetrieben – Diskrepanz zwischen Angebot und Nachfrage und Ansätze zu ihrer Verminderung, in: Betriebswirtschaftliche Forschung und Praxis, 39. Jg., H. 6, 1987, S. 477-493

NAUKJOS, H. (1994), Konzernmanagement durch Kontextsteuerung – die Relevanz eines gesellschaftstheoretischen Steuerungskonzepts für betriebswirtschaftliche Anwendungen, in: SCHREYÖGG, G./CONRAD, P. (Hrsg., 1994), Managementforschung, Berlin, New York 1994, S. 105-141

NICOLAI, A. T. (2000), Die Strategie-Industrie: Systemtheoretische Analyse des Zusammenspiels von Wissenschaft, Praxis und Unternehmensberatung, Wiesbaden 2000

NIEDEREICHHOLZ, C. (1993), Der arge Mangel an qualifizierten Beratern, in: Harvard Business Manager 1, 1993, S. 109-113

NIEDEREICHHOLZ, C. (Hrsg., 2000), Internes Consulting: Grundlagen – Praxisbeispiele – Spezialthemen, Wien 2000

NIPPA, M./PETZHOLD, K./KÜRSTEN, W. (Hrsg., 2002), Corporate Governance. Herausforderungen und Lösungsansätze, Heidelberg 2002

O. V. (2005), http://www.cardea.ch, Internetrecherche der Homepage von Cardea vom 01.10.2005

PETMECKY, A./DEELMANN, T. (Hrsg., 2005), Arbeiten mit Managementberatern. Bausteine für eine erfolgreiche Zusammenarbeit, Berlin et al. 2005

PETZOLD, H. G. (1998), Integrative Supervision, Meta-Consulting und Organisationsentwicklung: Modelle und Methoden reflexiver Praxis. Ein Handbuch, Jungfernmann, Paderborn 1998

PFRIEM, R. (1995), Rauschen und Lernen, in: FREIMANN, J./HILDEBRANDT, E. (Hrsg., 1995), Praxis der betrieblichen Umweltpolitik – Forschungsergebnisse und Perspektiven, Wiesbaden 1995, S. 221-238

PHILLIPS, J. J. (2000), The Consultant's Scorecard: Tracking Results and Bottom-Line Impact of Consulting Projects, New York et al. 2000

PIAZZA, K. (2004), Beratung in Sachen Beratung, in: HandelsZeitung, Nr. 22, 26.05.04, S. 12

QUIRING, A. (2002), Beraterhaftung nach neuem Recht, in: Unternehmensberater, Nr. 2, 2002, S. 43-47

RAPPAPORT, A./KLIEN. W. (1999), Shareholder Value: ein Handbuch für Manager und Investoren, 2. Auflage, Stuttgart 1999

RASSAM, C. (1998), The management consultancy industry, in: SADLER, P. (Hrsg., 1998), Management Consultancy – a handbook for best practise, London 1998, S. 3-30

REINECKE, W./HENNECKE, J. H. (1982), Die Unternehmensberatung: Profil – Nutzen – Prozeß, Heidelberg 1982

REISCHAUER, C. (2001), Unternehmensberater. Die Branche der Besserwisser kämpft mit den Folgen eigener Managementfehler. Kunden sind verunsichert. Eine Studie zeigt, in welchen Disziplinen die Consultants ihr Geld wert sind, in: Capital 24/2001, S. 41-47

RICHTER, A. (2005), Veränderte Klientenerwartungen und ihre Auswirkungen auf Beratungsfirmen, in: SEIDL, D./KIRSCH, W./LINDER, M. (Hrsg., 2005), Grenzen der Strategieberatung. Eine Gegenüberstellung der Perspektiven von Wissenschaft, Beratung und Klienten, Bern et al. 2005, S. 267-290

SADLER, P. (Hrsg., 1998), Management Consultancy – a handbook for best practise, London 1998

SCHADE, C. (1997), Marketing für Unternehmensberatung: ein institutionenökonomischer Ansatz, 2. überarbeitete Auflage, Wiesbaden 1997

SCHMID, B. (o. J.), Wirklichkeitsverständnisse und die Steuerung professionellen Handelns in der Organisationsberatung, abrufbar unter: http://www.systemische-professionalitaet.de/download/schriften/10-wirklichkeitsverstaendnisse.pdf, Recherche vom 05.10.2005

SCHMIDT, S. J. (Hrsg.,1987), Der Diskurs des radikalen Konstruktivismus, Frankfurt a. M. 1987

SCHMIDT, S. J. (Hrsg.,1992), Kognition und Gesellschaft. Der Diskurs des radikalen Konstruktivismus 2, Frankfurt a. M. 1992

SCHRÄDLER, J. (1996), Unternehmensberatung aus organisationstheoretischer Sicht. Zur Notwendigkeit eines neuen Selbstverständnisses von Unternehmensberatung, München 1996

SCHREYÖGG, G./CONRAD, P. (Hrsg., 1994), Managementforschung, Berlin, New York 1994

SCHREYÖGG, G./STEINMANN, H. (1985), Strategische Kontrolle, in: Zeitschrift für betriebswirtschaftliche Forschung, 37. Jg., H. 5, 1985, S. 391-410

SCHWAN, K./SEIPEL, K. G. (2002), Erfolgreich beraten. Grundlagen der Unternehmensberatung, 2. Auflage, München 2002

SCHWEITZER, M. (1997), Planung und Steuerung als Führungsinstrumente, in: BEA, F. X./DICHTL, E./SCHWEITZER, M. (Hrsg., 1997), Allgemeine Betriebswirtschaftslehre, Band 2: Führung, 7., überarbeitete Auflage, Stuttgart 1997, S. 21-131

SCHWENKER, B. (2004), Wie sich Strategieberater auf die sich wandelnden Umfeldbedingungen ihrer Kunden einstellen, in: TREICHLER, C./WIEMANN, E./MORAWETZ, M. (Hrsg., 2004), Corporate Governance und Managementberatung. Strategien und Lösungsansätze für den professionellen Beratereinsatz in der Praxis, Wiesbaden 2004, S. 221-235

SEIDL, D./KIRSCH, W./LINDER, M. (Hrsg., 2005), Grenzen der Strategieberatung. Eine Gegenüberstellung der Perspektiven von Wissenschaft, Beratung und Klienten, Bern et al. 2005

SEIGNER, J. (1997), Anforderungen an ein erfolgreiches Qualitätsmanagement in Beratungsunternehmen – Ansätze eines Managementsystems unter besonderer Berücksichtigung des Malcolm Baldrige Quality Award und der DIN EN ISO 9001 – eine empirische Untersuchung, Kissing 1997

SIEGER, H. (1992), Die neue Elite, in: Capital, Nr. 5, 1992, S. 164-178

SIEVERS, B. (Hrsg., 1977), Organisationsentwicklung als Problem, Stuttgart 1977

SIMON, F. B. (1993), Unterschiede, die Unterschiede machen: klinische Epistemelogie: Grundlagen einer systemischen Therapie und Psychosomatik, Frankfurt a. M. 1993

SOMMERLATTE, S. (2004), Auswahl von, Verhandlung mit und Einsatz von Beratern, in: SOMMERLATTE, T./MIROW, M./NIEDEREICHHOLZ, C./ WINDAU, P. G., VON (Hrsg., 2004), Handbuch der Unternehmensberatung. Organisationen führen und entwickeln, Berlin 2004, Eintrag 5110, S. 1-17

SOMMERLATTE, S. (2000), Lernorientierte Unternehmensberatung: Modellbildung und kritische Untersuchung der Beratungspraxis aus Berater- und Klientenperspektive, Wiesbaden 2000

SOMMERLATTE, T./MIROW, M./NIEDEREICHHOLZ, C./ WINDAU, P. G., VON (Hrsg., 2004), Handbuch der Unternehmensberatung. Organisationen führen und entwickeln, Berlin 2004

SPECK, D./WAGNER, D. (Hrsg., 2003), Personalmanagement im Wandel: Vom Dienstleister zum Businesspartner, Wiesbaden 2003

STAEHLE, W. H. (1990), Management – Eine verhaltenswissenschaftliche Perspektive, 5. Auflage, München 1990

STEYRER, J. (1991), "Unternehmensberatung" – Stand der deutschsprachigen Theoriebildung und empirischen Forschung, in: HOFMANN, M. (Hrsg., 1991), Theorie und Praxis der Unternehmensberatung. Bestandsaufnahme und Entwicklungsperspektiven, Heidelberg 1991, S. 1-44

STOCK, J. R./ZINSER, P. H. (1987), The Industrial Purchase Decision for Professional Services, in: Journal of Business Research, Vol. 15, No. 1, 1987, S. 1-16

STRASSER, H. (1993), Unternehmensberatung aus Sicht des Kunden. Eine resultatorientierte Gestaltung der Beratungsbeziehung und des Beratungsprozesses, Zürich 1993

STROHTMANN, K.-H. (1979), Investitionsgütermarketing, München 1979

STROHTMANN, K.-H. (1988), Innovatoren: Eine Pilotstudie zum Innovationsmarketing im Maschinenbau und Elektronikindustrie, Hamburg 1988

STUTZ, H. R. (1988), Management-Consulting: Organisationsstrukturen am Beispiel einer interaktiven Dienstleistung, Bern 1988

TEUBNER, G./WILLKE, H. (1984), Kontext und Autonomie: Gesellschaftliche Steuerung durch reflexives Recht, in: Zeitschrift für Rechtssoziologie, 6. Jg., H. 1, 1984, S. 4-35

TIMEL, R. (1998), Systemische Organisationsberatung: Eine mode oder eine zeitgemäße Antwort auf die Zunahme von Komplexität und Unsicherheit? in: HOWALDT, J./KOPP, R. (Hrsg. 1998), Sozialwissenschaftliche Organisationsberatung – Auf der Suche nach einem spezifischen Selbstverständnis, Berlin 1998, S. 201-213

TREICHLER, C. (2005), Selektion und Professionalisierung – Trends im Einkauf von Beratungsleistungen, in: BOUTELLIER, R./WAGNER, S. M. (Hrsg., 2005), Chancen nutzen, Risiken Managen, Herausforderungen für die Beschaffung und das Supply Chain Management, SVME-Schriftenreihe zur Materialwirtschaft Band 14, Verlag SVME, Aarau 2005, S. 251-267

TREICHLER, C./WIEMANN, E. (2004a), Corporate Governance und Managementberatung, in: TREICHLER, C./WIEMANN, E./MORAWETZ, M. (Hrsg., 2004), Corporate Governance und Managementberatung. Strategien und Lösungsansätze für den professionellen Beratereinsatz in der Praxis, Wiesbaden 2004, S. 15-58

TREICHLER, C./WIEMANN, E. (2004b), Rolle der Aufsichts- und Leistungsorgane im Rahmen der Beratergovernance, in: TREICHLER, C./WIEMANN, E./MORAWETZ, M. (Hrsg., 2004), Corporate Governance und Managementberatung. Strategien und Lösungsansätze für den professionellen Beratereinsatz in der Praxis, Wiesbaden 2004, S. 113-131

TREICHLER, C./WIEMANN, E. (2004c), Stand und Entwicklung der Beratergovernance in der unternehmerischen Praxis, in: TREICHLER, C./WIEMANN, E./MORAWETZ, M. (Hrsg., 2004), Corporate Governance und Managementberatung. Strategien und Lösungsansätze für den professionellen Beratereinsatz in der Praxis, Wiesbaden 2004, S. 263-278

TREICHLER, C./WIEMANN, E./MORAWETZ, M. (Hrsg., 2004), Corporate Governance und Managementberatung. Strategien und Lösungsansätze für den professionellen Beratereinsatz in der Praxis, Wiesbaden 2004

ULRICH, H. (1970), Die Unternehmung als produktives soziales System, 2. Auflage, Bern/Stuttgart 1970

ULRICH, H./PROBST, G. (1988), Anleitung zum ganzheitlichen Denken – Ein Brevier für Führungskräfte, Bern/Stuttgart 1988

VOGELSANG, G. (1992), Universalberatung: Konzeption und Methodik einer ganzheitlichen Unternehmensberatung, Düsseldorf 1992

WAGNER, H./REINEKE, R.-D. (Hrsg., 1992), Beratung von Organisationen: Philosophien – Konzepte – Entwicklungen, Wiesbaden 1992

WALGER, G. (1995), Idealtypen der Unternehmensberatung, in: WALGER, G. (Hrsg., 1995), Formen der Unternehmensberatung: Systematische Unternehmensberatung, Organisationsentwicklung, Expertenberatung und gutachterliche Beratungstätigkeit in Theorie und Praxis, Köln 1995, S. 1-18

WALGER, G. (Hrsg., 1995), Formen der Unternehmensberatung: Systematische Unternehmensberatung, Organisationsentwicklung, Expertenberatung und gutachterliche Beratungstätigkeit in Theorie und Praxis, Köln 1995

WALL, F. (1999), Planungs- und Kontrollsysteme. Informationstechnische Perspektiven für das Controlling: Grundlagen – Instrumente – Konzepte, Wiesbaden 1999

WEBSTER, F. E./WIND, Y. A. (1972), Organizational Buying Behaviour, Englewood Cliffs/New Jersey 1972

WILLKE, H. (1984), Gesellschaftssteuerung, in: GLAGOW, M. (Hrsg., 1984), Gesellschaftssteuerung zwischen Korporatismus und Subsidiarität, Bielefeld 1984, S. 29-53

WILLKE, H. (1992), Beobachtung, Beratung und Steuerung von Organisationen in systemtheoretischer Sicht, in: WIMMER, R. (Hrsg., 1992), Organisationsberatung: Neue Wege und Konzepte, Wiesbaden 1992, S. 17-42

WILLKE, H. (1993), Systemtheorie entwickelter Gesellschaften: Dynamik und Riskanz moderner gesellschaftlicher Selbstorganisation, 2. Auflage, München, Weilheim 1993

WILLKE, H. (1994), Systemtheorie II: Interventionstheorie: Grundzüge einer Theorie der Intervention in komplexe Systeme, Stuttgart 1994

WILLKE, H. (1997), Supervision des Staates, Frankfurt a. M. 1997

WILLKE, H. (1998), Systemisches Wissensmanagement, Stuttgart 1998

WILLKE, H. (1999), Zum Problem intersystemischer Abstimmung, in: GERHARDS, J./ HITZLER, R. (Hrsg., 1999), Eigenwilligkeit und Rationalität sozialer Prozesse, Festschrift zum 65. Geburtstag von Friedhelm Neidhardt, Wiesbaden 1999, S. 97-112

WIMMER, R. (1991), Organisationsberatung – Eine Wachstumsbranche ohne professionelles Selbstverständnis, in: HOFMANN, M. (Hrsg., 1991), Theorie und Praxis der Unternehmensberatung – Bestandsaufnahme und Entwicklungsperspektiven, Heidelberg 1991, S. 45-136

WIMMER, R. (1992), Was kann Beratung leisten? Zum Interventionsrepertoire und Interventionsverständnis der systemischen Organisationsberatung, in: WIMMER, R. (Hrsg., 1992), Organisationsberatung: Neue Wege und Konzepte, Wiesbaden 1992, S. 59-111

WIMMER, R. (Hrsg., 1992), Organisationsberatung: Neue Wege und Konzepte, Wiesbaden 1992

WITTE, E. (1973), Organisation für Innovationsentscheidungen: Das Promotorenmodell, Göttingen 1973

WOHLGEMUTH, A. C. (1991), Das Beratungskonzept der Organisationsentwicklung. Neue Formen der Unternehmensberatung auf Grundlage des sozio-technischen Systemansatzes, 3. Auflage, Bern 1991

WOLF, G. (2000), Die Krisis der Unternehmensberatung. Ein Beitrag zur Beratungsforschung, Wiesbaden 2000

WURPS, J./MISONE CRISPINO, B. (2002), Inhouse Consulting in der Praxis – Ein Erfahrungsbericht der Volkswagen Consulting, in: MOHE, M/HEINECKE, H. J./PFRIEM, R. (Hrsg., 2002), Consulting – Problemlösung als Geschäftsmodell. Theorie, Praxis, Markt, Stuttgart 2002, S. 344-356

ZRDAL, W. (2002), Ohrfeigen für die Besserwisser, in: Financial Times Deutschland, 02.10.01, S. 33